カワイイ社会・学

成熟の先をデザインする

工藤 保則

関西学院大学出版会

はじめに

「カワイイ」「クルマ」「低炭素社会」という言葉を使って三題噺をしたいと思う。三題噺とは寄席で使われる言葉であり、客席からお題となる言葉を三つもらい、それを使ってこしらえた即興の噺のことをいう。今回のお題は私自身が用意したものなので、正確には三題噺にはならないのだが、この三つの言葉は互いに関係なさそうな言葉であるため、客席からたまたま出てくるようなばらばらな感じもする。その点では、本書で行う話（噺）も、ある程度は、三題噺として受けとってもらえるのではないだろうか。

あらためて述べるが、本書では「カワイイ」と「クルマ」と「低炭素社会」から、現代社会、そして近未来の社会のことを考えてみたい。「カワイイ」と「クルマ」と「低炭素社会」は、種類やレベルがまったく異なる言葉である。この三つの言葉が続けて発せられること、また続けて書かれることはまずないだろう。しかし、それぞれが、今の日本社会を考えるときにはとても意味のある言葉である。
カワイイは感性に基づく言葉である。街を歩けばすぐに耳に入ってくるあの言葉である。クルマは家の外に出た瞬間から目に入るあの移動体であり、日本の代表的な工業製品である。低炭素社会は社会像を表す言葉である。地球温暖化の文脈で使われるのを新聞や雑誌などでよく目にするあの言葉であり、一九九七年のいわゆる京都議定書以後、その実現を目指して日本が先頭に立とうとした社会像である。本書ではこれら三つを重ねてみる。具体的には、「カワイイ」を真ん中に据え、そこに「低炭素社会」と「クルマ」を重ねていく。重ねた先になにがみえてくるだろうか。

前半ではまず、現代社会にあふれる、かわいいという感性、かわいい文化について考えていく。現代社会だけにかわいい感性やかわいい文化があるというのではない。いわば日本文化のひとつの特徴として「かわいい」は存在していると考えられるのだが、とくに、二〇〇〇年代に入り、低炭素社会がいわれだしたときくらいから、それまでとは違ったかたちで目立ってきている。そして後半では、カワイイ感性やカワイイ文化が現在から近未来の社会のなかでどう存在していくかを考える。そのために、わが国の基幹産業である自動車から、これから広がっていくであろう電気自動車を例にとりながら、近未来のカワイイもの、カワイイ文化、カワイイ社会について考えていく。

なお、ここまで「かわいい」というひらがな表記と「カワイイ」というカタカナ表記の二つを用いたが、その使い分けは、真壁智治・チームカワイイの『カワイイパラダイムデザイン研究』

（二〇〇九年）における両者のとらえ方や表記の仕方によっている。第4章2節でくわしく述べるが、真壁は軽快感、か弱さ、親しさ、ゆるさ、おだやかさ、余白感、使い手の主体性を引き出すような、重さがなく愛嬌があるデザインをカワイイデザインとした。一方、かわいいについては真壁自身はあまりふれていないが、研究の過程のシンポジウムでゲストコメンテーターとして関わった建築評論家の五十嵐太郎が「かわいい」との違いを質問したところ、「ここでの『カワイイ』議論にはディズニーランドやウエディング・チャペルなどの『かわいい』は入れたくない」と真壁は回答したという（真壁・チームカワイイ 二〇〇九：三八七）。真壁は両者を区別したうえで、カワイイに照準をあわせて考察を行った。

『カワイイパラダイムデザイン研究』はデザインや建築の分野において、とても評判になった本である。私も刺激を受けたひとりであり、本書はそれに触発されて書かれたものである。だが、なぞるものではない。真壁はデザインとコミュニケーションの観点から考察を行った。それに対し、本書は、「カワイイ」と「かわいい」を区別はするが、両者の関係を時間の流れのなかで考察する。そして、「カワイイ」を文化、社会のなかでとらえようとしている。

本書のタイトルは『カワイイ社会・学』である。都市社会学や家族社会学のような意味での「カワイイ・社会学」ではない。ましてや社会学がカワイイという意味でもない（そうであってもいいように思うのだが……）。カワイイ社会について考えてみたい、という意味である。

目次❖カワイイ社会・学　成熟の先をデザインする

はじめに　i

第1章　低炭素社会の時代の感性　1

第2章　かわいいの諸相　9
1　日本カワイイ博覧会　9
2　街にあふれる「かわいい」　14
3　マンガ、アニメとかわいい　21

第3章　かわいいの来し方　25
1　なんでもかわいい　25
2　「かわいい」に関する研究　32
3　子どもに関する「かわいい」　38

4 少女に関する「かわいい」 42
5 クールジャパン 46

第4章 もうひとつのカワイイ 51
1 かわいいとカワイイ 51
2 カワイイパラダイムデザイン 60

第5章 カワイイ文化 65
1 現代アート 65
2 落　語 80

第6章 カワイイクルマ 89
1 クルマと社会 89
2 デザインと社会 95
3 かわいい移動体とカワイイ移動体 100
4 カワイイクルマの有効性 108

第7章 超小型カワイイEV 117
1 クルマが作る社会 117
2 超小型カワイイEVによるコミュニケーション 120
3 超小型カワイイEVによる都市内移動 124
4 カワイイ都市 126
第8章 カワイイの行く末 131
あとがき 137
参考文献 142

第1章　低炭素社会の時代の感性

クルマが売れない、とくに若者がクルマ離れしているといわれる。その一方で「売れるクルマを」と意気込んでつくられたであろうクルマに、私はなにかしら違和感を覚える。どこか時代の感性にあっていないように感じられるのである。私の感覚もまんざら外れていないようで、そのようなクルマも、それほど売れているわけでもないようだ。

クルマとはまったく種類の違うものではあるが、タブレット型端末やスマートフォンは売れ続けている。機能としては、ノート型パソコンや携帯電話とそう大きくは変わらない。しかし、それらとは大きく異なる点がある。デザインである。その点で、タブレットやスマホは時代の感性にあっているように思われる。

クルマとタブレットやスマホを比較して述べたが、私はここで売れるものを提案したいわけではない。時代の感性にあったものかどうかを考えたいのである。また、時代の感性にあったものによる社会や文化への働きかけをみていきたいのである。

二〇〇〇年代に入って十数年たった今、それなりに二一世紀初めの様子も定まってきたように思う。「格差社会」や「無縁社会」など時代を表す言葉にもいろいろあるが、「低炭素社会」という社会像も時代を表す言葉のひとつだろう。「格差社会」や「無縁社会」という言葉は現状分析に基づいた言葉だが、「低炭素社会」はこれから先の予測や方向性も含めた言葉である。

低炭素社会という言葉は二〇〇〇年代に入る頃から使われることが多くなった。地球温暖化の緩和を目指し、その原因のひとつである二酸化炭素の排出が少ない社会を目指そうとしているためであろう。一九九七年に、地球温暖化防止京都会議で採択されたいわゆる京都議定書において二酸化炭素削減の目標値が定められた。それにくわえ、日本は、民主党政権時代に鳩山由紀夫首相が、二〇〇九年の国連総会の一環として開かれた気候変動首脳会議において、温室効果ガスを二〇二〇年までに一九九〇年比で二五パーセント削減することを宣言した。それは温室効果ガス削減に関して世界をリードする存在になるとの意思表示だったが、二〇一二年一二月の総選挙で勝利した自民党はその二五パーセント削減という目標数値についてはほとんどなにも言及しなくなり、二〇一三年一一月に安倍内閣は二〇〇五年度比でマイナス三・八パーセントという数値を出した。それは国内外からは失望とともに受けとられた。このような後退はあるにせよ、これからは低炭素社会を目指すという方向性自体は変わらないだろう。では、その低炭素社会はどのような社会なのだろうか。

これまでの炭素社会は、化石燃料を燃やして得られるエネルギーを動力とする社会である。そのためか、化石燃料を燃やすということとも大いに関係する力強さや重厚長大さが重要視されてきたように思われる。また同時に、大量生産・大量消費の社会でもあった。一方、低炭素社会において重要視されるのは再生可能性や循環型であるかどうかだ。使い古された感じもするが、よく用いられる言葉を使えば、スロー（ライフ）でエコ（ロジー）な社会ということになるだろうか。「スローでエコ」が二一世紀初めの時代の気分だといってもさしつかえはないだろう。

低炭素社会は、私たちの生活を根幹から変える可能性がある。産業の問題やエネルギーの問題として低炭素社会を考える必要性が高まっているが、本書ではそれよりも、低炭素社会を文化や風俗の問題としてあつかいたい。なぜなら、社会と文化や風俗は重なりあいながら存在するものであり、文化や風俗の視点からこれからの社会像を考察することも必要だと思われるからである。ただし、スローやエコの観点からではなく、それらとは違った観点からあつかいたいと思う。というのも、スローやエコという言葉は社会に定着しているために、というか、定着しすぎているために、かえって使いごこちが悪い。定着しすぎている言葉を使うと、予定調和的な議論になるおそれもある。そういう意味でも、従来とは違った言葉を使って考えていきたい。

低炭素社会の話、そして「スローでエコ」の話に関わるが、今は一〇〇年に一度のエネルギー革命のときといわれている。なにやら産業界の「売らんかな」という思惑を感じなくもないが、それはさておき、石油依存からの脱却、そして低炭素社会の実現、その主要要素としてのスマートグリッド（smart grid：賢い送電線網）について多く語られるようになっているのも事実である。送電のロスを少なくするシステム、電力を需要に応じて供給するシステムなどの話題がメディアでよくとりあげられるようになってきている。現在は、消費量のピークにあわせて送電するシステムなのでロスが大きい。低炭素社会においては再生可能エネルギーによる発電と蓄電が重要なカギとなるとされている。

スマートグリッドにおいては、電池とモーターで動く電気自動車（以下、ＥＶとする）が重要な役割をはたすといわれている。それはＥＶが蓄電池の役割を担うからであり、住宅などでの自家発電とセットになると電力消費の削減にも役立つからである。そのためＥＶやプラグインハイブリッド車（ＰＨＶ）の普及を目指すモデル地域での実証実験（ＥＶ・ＰＨＶタウン構想）なども行われている。産業的な面からは、スマートグリッドや省エネ社会の実現にはＥＶが必要不可欠である、というういい方がされたりする。スマートシティという言葉もよく耳にする。スマートシティとは、スマートグリッドの技術などを駆使して、エネルギー管理や最適な制御を行う都市のことをいうのだが、それに関しては、経済産業省のスマートシティ実証実験モデル地域として、神奈川県横浜市、愛知県豊田市、京都府けいはんな学園都市、福岡県北九州市が設定され、社会実験が行われている。

これらは低炭素社会を産業的な側面からとらえた実践である。もちろんその側面は重要だろうが、それだけではなく、人びとの生活に直接関わる社会・文化の面から低炭素社会をとらえることも必要ではないだろうか。それは低炭素社会と密接に関わるエネルギーについても同じであろう。エネルギーは産業だけではなく、社会や文化とも関わる問題だと思われる。

エネルギーと社会・文化の関係で、まず思いうかぶのが、いわゆる産業革命である。蒸気によるエネルギー革命が起きたのを機に社会や文化が大きく変化した。それは近代への移行という社会の一大転換でもあった。とくにイギリスのヴィクトリア朝はエネルギー革命による産業の発展が最高度に達し、大英帝国の絶頂期となった。世界で初めて万国博覧会がロンドンで開催され、そこで鉄道、映画、クルマ、カメラなど、数多くの発明が可視化された。これと並行して美術展覧会が頻繁に行われるようになった。このようにヴィクトリア朝はエネルギー革命だけでなく、文化の面でもとても活発な時期であった。

日本では、意外かもしれないが、江戸時代がエネルギーと社会・文化を考えるときには必ずあげなくてはならない時代である。ヴィクトリア朝とは違って、こちらは近代への移行の前である。ひとくちに江戸時代といっても期間はかなり長い。その安定期であり歌舞伎や落語などの文化が大いにさかえた文化文政期（徳川一一代将軍家斉の治世下、とくに文化・文政年間［一八〇四―一八三〇］を中心とした時代）などは、エネルギーと社会や文化を考えるにはとてもおもしろいときである。

当時の江戸は約一〇〇万人の人びとが住み、世界一の人口を誇った。それだけ多くの人が比較的豊かに暮らせていたのである。その社会は、エネルギーの観点からみれば、超低炭素社会であり、循環型社会であった。落語などにもよく登場するが、くず買いや紙くず買い、灰買い、空き箱買いといった職業まであった。他にも古着屋や古道具屋も多く、日常生活において捨てるものがないくらいだった。ものを最後まで使う、長く使うという生活の美学や美意識が生まれた社会なのである。それらとも関係するが、生活する個人としては、さっぱりしてものごとに執着しない「江戸っ子」という気風や「いき」や「いなせ」といった独特の美意識が生まれた。そういう気風や美意識をもった町人たちが芝居小屋や寄席で歌舞伎や落語を大いに楽しんだのである。

現代の日本に話を戻そう。二〇一一年三月一一日、東北地方太平洋沖を震源地とする大地震が起こった。それと重なって福島第一原子力発電所で事故が起こった。このことを受けて、福島以外の原発についても安全性確認が必要になり、全国の原発が停止した。誰もがエネルギーの問題を考えざるを得ない状態になったのである。二〇一五年現在はエネルギーへの言及や関心は減ってきているようにみえるが、実際には課題をかかえた状態であることには変わりない。そういう意味で、今は、もしかすると、一〇〇年に一度の転換点という産業界からの声以上の、とても大きな意味をもつときになるかもしれない。立場はどうであれ、今はエネルギーと社会・文化を考えるべき重要な契機であることに異論はないだろう。

本書ではエネルギーと社会・文化という問題を、大上段からかまえて考えるのではなく、遠まきにしながら生活者の視点で考えていきたい。具体的には、エネルギーと社会・文化のあいだに、感性・感覚やものやデザインといった人びとの生活と結びついたものをはさんで考えたい。繰り返しになるが、二一世紀初めの日本は、社会、文化、そして感性において、大きな転換点にあるように思う。それは、ひょっとすると、ヴィクトリア朝、文化文政期に匹敵するくらいのものになるかもしれない。

三・一一が大きなきっかけであることは確かだが、実はエネルギーと社会・文化の変わり目は、それよりも前であるように思われる。低炭素社会がいわれだした二〇〇〇年くらいから、それと軌を一にして人びとの感性や感覚にも変化が生じてきたようにも思われるのである。後でくわしく述べるが、その頃から、それまでとは違ったかたちで「カワイイ」ものやことが重視されるようになった。そして、それが文化や社会の変化ともつながっていったようにも感じる。「生活者の視点」でとらえた筆者の印象を素直に述べるならば、「カワイイ」が今の時代の感性であるように思われるのである。

第2章　かわいいの諸相

1　日本カワイイ博覧会

現代の日本社会には「かわいい」があふれている。それがよくわかるひとつの事例として、二〇一二年三月三一日と四月一日に行われた第一回「日本カワイイ博覧会イン新潟」について紹介したい。「カワイイ博」を告知するホームページには、

最新のカワイイのテーマパーク
最新の「カワイイ」を見て、買って、体験できる！
日本カワイイ博では、新潟では初となるリアルクローズファッションショーや、メイクからネイルまで、さまざまな体験コーナーでカワイク変身できる!!　他にも、デコ教室や有名アー

ティストによるライブ、スイーツなど、カワイイが、いっぱい。アナタも日本カワイイ博でもっとかわいくなろう♪

とあった。そこで「アナタも日本カワイイ博でもっとかわいくなろう♪」を確かめるために、実際に「カワイイ博」に行ってみた。

「新潟では初となるリアルクローズファッションショー」という言葉が示すように、それは、東京コレクションや神戸コレクションのような、大規模に開催される若者ファッションショーを意識したイベントであった。が、それにとどまらず、博覧会と銘打って多くのものを集めて示そうとしたところに、このイベントの特徴がある。実際、「カワイイ博」にはいろいろな「かわいい」があった。

会場のセンターステージでは、一日に何度もファッションショーが開かれた。そのショーはリアルクローズからウエディングドレスまで、かわいいをコンセプトとしたものであり、開始前からステージのランウェイまわりには多くの人だかりができていた。ショーが始まるとさらに人は増え、道端アンジェリカ、舟山久美子、西内まりや、などが登場するたびに、「かわいい！」の声があがった。モデルがかわいいのか服がかわいいのかわからなかったが、おそらくその両方が、つまりはステージにあらわれるすべてがかわいいのだろう。

ファッションショーのあいまに、韓流男性グループのステージや地元アイドルのステージも行われた。それらもかわいいものなのだろう。なにがかわいいのか、どこまでがかわいいのか。やはり、「なんでもかわいい」のであろう。

カワイイ博覧会（著者撮影）

会場には、センターステージのまわりに、各種のブースが設置されていた。化粧品メーカーのブースではメイク体験ができ、その待ち時間には試供品が配布されていた。ネイルやエステの体験ブースもあった。メイク体験やエステ体験の後にかわいくなった自分の写真を撮るのであろう、写真撮影ブースもあった。クルマもおかれていた。車種はスマートやビートルなどであり、「女の子にかわいいといわれるクルマを展示しています」とのことだった。これらのブースのなかではメイクやネイルがとくに人気を集めていた。デパートの化粧品コーナーやネイルサロンほどは敷居が高くないためか、六〇分待ち、九〇分待ちの行列ができていた。

アリーナ会場の外では小物や雑貨などを販売するブースもあった。いくつかのお店の人に話を聞くと、「ぬいぐるみのまつげはつけまつげふうにしてかわいくしてきました」、「このイベントにあわせてかわいい写真を撮って、それをポストカードにしてきました」などといったように、「かわいい」をつくるためにこらした工夫についての話をしてくれた。

一日のイベントの最後に音楽ライブが行われた。初日はミルキーバニー（益若つばさ）、二日目はきゃりーぱみゅぱみゅであった。きゃりーぱみゅぱみゅはまだ一般的な人気が出る前であったが、彼女らのライブ中ずっと、「かわいい」「かわいい」との声がとんでいた。衣装、メイク、楽曲、MC、しぐさ、それら「すべてがかわいい」ということなのだろう。

「カワイイ博」の来場者の中心は、女子の高校生、専門学校生、短大生・大学生だった。開催日は二日間とも天候はあまりよくなかったし、会場への交通の便もそれほどよくはなかったが、約九〇〇〇人の入場者があった模様である。

カワイイ博の会場で、女子高生二人づれに話を聞いたところ次のように話してくれた。

「『カワイイ博』は友だちのなかではかなり話題になっていました。第一回が新潟で開催されるのはとてもうれしいです。ショーを見て、かわいいを学びたいと思っています。勉強は嫌いですが、かわいいについてはいっぱい知りたいです。女の子なら、おばさんでもそれは同じだと思いますよ。自分的には、見せる相手として、男の子を相手としたかわいいと女の子を相手としたかわいいは違います。女の子相手のほうのかわいいが楽しいけど同時に厳しいです。その女の子相手のかわいいでもＴＰＯによってまた違ってきます。それほどかわいいは奥が深いです。『かわいい道』を極めたいと思っています」。

「『カワイイ博』が新潟で開催されてとてもうれしいです。全国から注目を集めているんじゃないですかね。今日は気合い入れて来ました。来ている人みんなそうだと思います。『カワイイ博』にはやっぱりかわいくして行かないと、ですね。今日だけでなく明日も来ます。きゃりーぱみゅぱみゅ、かわいいから見てみたいです。きゃりーちゃん、かわいいですよねー。人気出ると思いますよ。アイドルやモデルさんだけでなく、このなかにはいろんなかわいいがあって楽しいです。かわいいがあふれていますよね。クルマまでおいていましたね（笑）。あのちっちゃいクルマかわいかったです。高校卒業後は、服飾とかメイクとかの専門学校に進学しようと思っています。東京の学校もいいですが、地元の学校でもいいです。こういうふうなかわいいを勉強できる学校があったら、そこに行きたいです」。

このようにカワイイ博には女子のファッションやメイクについてのかわいい、小物雑貨についてのかわいい、その他のかわいいがあふれていた。なにがかわいいのか、どこまでがかわいいのか、よくわからなかったが、それこそ、「すべてがかわいい」、「なんでもかわいい」ということなのだろう。そこに女子たちが嬉々として集い、「かわいい」、「かわいい」と声をあげていた。ファッションやメイクを学んで自分をかわいくするためだけではなく、会場でかわいいを全身で感じるために多くの女子が集まっていたのである。

2　街にあふれる「かわいい」

「カワイイ博覧会」のような、パビリオンに閉じられたイベント空間だけでなく、普通に街を歩くときにも「かわいい」という声を頻繁に耳にする。場所や店によっては、数分おきかもしれない。少し前までいわれていた「きもかわ」や「ぶさかわ」などはもうめったに使われない。すべて、「かわいい」になっている。それを口にするのは、若者に限らず小中学生や中高年も同じである。男子・男性もいわなくはないが、やはり女子・女性のほうがよく口にする言葉といっていいだろう。

以下に示すのは、二〇一四年七月一九日（土曜日）、午前一〇時から午後五時まで、大阪市の梅田地区と心斎橋・難波地区を歩いた際に、「かわいい」という声を耳にしたときの様子である。

午前一〇時にJR大阪駅の中央改札を出て、一〇時五分に駅構内のコンビニエンスストアに立ち寄った。大阪に観光に来たような雰囲気の一〇代女子二人づれが、「くいだおれ太郎」の小さな人形がついたボールペンを指して「これ、かわいい」、「ほんと。うける」。それとは別の、これも観光客らしき二〇代女性四人グループが、ご当地キティちゃんコーナーにあるたこやきをモチーフにしたキティちゃんグッズを見て「たこやきキティちゃんだ」、「かわいい」。

その後、ＪＲ大阪駅に併設されている若者向けの商業施設「ルクア」に向かった。午前一〇時三五分、「ルクア」一階にあるファッション雑貨店において、一〇代女子二人がバッグを見ながら「かわいい」。別の一〇代女子二人がアクセサリーを見ながら「かわいい」。午前一〇時四四分、三階にあるファッション雑貨店において、一〇代女子二人が財布を手にとって「かわいい」。二〇代女子二人がポーチを手にとって「かわいい」。午前一〇時五七分、三階の時計店において、デート中の二〇代カップルがカジュアルウォッチを指して「これ、かわいいね。買おうかな」、「かわいいね。買ったら」。午前一一時一五分、七階のメンズシューズ店において、二〇代カップルの彼女が彼氏の靴を品定めしながら「これ、かわいいよ」。

午前一一時三〇分に、阪急百貨店うめだ本店に移動した。午前一一時四三分、四階婦人服売り場において、服の相談をする三〇代女性のお客さんに対してショップ店員が「これ、とてもかわいいです。よくお似合いになると思います」。午前一一時五八分、六階マダム婦人服売り場にて、六〇代の母親の服の相談にのっている三〇代の娘が「お母さん、こっちがかわいいよ」。

午後〇時三二分、梅田の地下街を歩いていると、待ちあわせ直後のような様子の一〇代の女子二人づれが「今日の服、かわいいね。どこで買ったの」、「地元のよくいくお店」。午後〇時四一分、梅田地下街の眼鏡店でフレームを決めようとしている三〇代男性に対して女性店員が「こちらはかわいい感じになりますね」。

午後一時二五分、地下鉄で心斎橋に移動中、地下鉄の車両のなかで男子大学生三人グループが、サークル内の女子のことを話題にしながら「あのこ、かわいいな」。午後一時五七分、心斎橋筋商店街にある文具店で、小学校高学年の女子が母親に「このノート、かわいい」。同じ店内で女子大学生二人が「このちっちゃいマグネット、かわいいね」、「このシールもかわいいよ」。午後二時二八分、心斎橋筋商店街を歩いていたら、ベビーカーに乗った赤ちゃんを見た女子高校生の四人グループが「かわいい」。

午後二時五七分、心斎橋のアメリカ村にある古着屋で古着ジーンズをあいだにして大学生ふうの男性のお客さんと三〇代らしき男性店員が「これなんかかわいいですね」、「そうですね。かわいいですね」。午後三時二五分、いわゆる原宿系の服をあつかうお店で、店内にいる一〇代、二〇代の女性のお客さんがあちらからもこちらからも「かわいい」。午後三時五一分、アメリカ村から少し外れたところにあるロリータファッションのお店で、ゴスロリふうの服を買おうとしているお客さんが店員さんと「これかわいいですね」、「いい感じですね」。

午後四時二一分、ビックカメラなんば店の携帯オーディオプレーヤー売り場で二〇代カップルが、色違いを見比べながら「この色かわいい」、「こっちの色もかわいい」。午後四時三四分、掃除機売り場で五～六歳くらいの男の子がロボット掃除機ルンバを見て大きな声で「お母さん、これかわいい」。

午後四時五六分、ジュンク堂書店なんば店で、二人の女子高校生が雑誌にのっているきゃりーぱみゅぱみゅのグラビアを見ながら「かわいいね」。

といった具合である。

大学で「かわいいゼミ」と称したゼミ形式の授業を行ったことがある。そこでは、学生たちにかわいいものやかわいいことについて発表してもらった。以下、「かわいいゼミ」での発表内容をいくつか簡単に紹介する。

「和」かわいい

「洋服は際立たせることでポップなかわいさを出していますが、和服は『控えめ』にすることではかなげなかわいさを出していると思います。また、提灯などの和風のあかりは蛍光灯のようなはっきりした明るさとは違って、ほのかな明るさがあります。その『ほのかな明かり』

はかわいいです。和服も提灯もどちらも強調するのではなく少しぼかすことでかわいさを出していると思います。調和を崩さないなかで整えられたかわいさ、ということができるかもしれません。そのなかではなぜか自分も落ち着きます。例で出した服とか照明だけではなく、『和』のテイスト一般にさりげないかわいさを感じます」。

「京都」かわいい

「『和かわいい』とも重なりますが、『京都』はかわいいです。雑誌でも京都は『かわいい』と形容されることが多いようです。碁盤の目のようにきっちりと区分けされていてそのなかに小さい家がごちゃごちゃあるのもとてもかわいいです。また、京都には小さくてセンスのあるお店が多くありますが、それもかわいいです。雑貨屋さん、ちょっとしたもののお店、チェーン店ではない小さなお店、京都はそういう小さなお店が多いし、それが似合う街です。かわいい京都にお出かけするのは、とても楽しいです」。

「ピコピコ」かわいい

「ピコピコという音がかわいいです。シンセサイザー、シンセドラム、といった電子音楽によるテクノポップ、エレクトロニカ、それにくわえて、テレビゲームやコンピューターゲームの音や音楽がかわいく感じます。最近では、声もピコピコ化しているように思います。たとえば、perfume、きゃりーぱみゅぱみゅ、そして初音ミク。人がする機械のようなパフォーマンス、機械がする人のようなパフォーマンス、両方ピコピコな音が似合います。そこには、なにかドット感を感じます。それは、ある種の小さな整い感で、それが妙にかわいく感じるのです。初音ミクも、絵があれでもこのピコピコ感がないとそこまでカワイクは感じないのではないでしょうか」。

「ナチュラル」かわいい

「自然界の色より、つくられたものかもしれませんが、その場に自然に溶け込んでいるように見えるパステルカラーのほうががかわいいと思います。濃い色に比べて優しさを感じ、ほっとします。それがかわいさにつながっているように思います。それと同じ感覚は、雰囲気ナチュラルにも感じます。雰囲気ナチュラルとは、本物の自然ではないけれど、柄だったり写真だったりが『自然ぽい』ものをいいます。例としていえば、『ハチミツとクローバー』のはぐちゃんのような『森ガール』なんかがそうです。はぐちゃんは、森にいそうな格好をしているのであって、実際に森に行く格好ではありません。自然という日本語より、ナチュラルといったほうがあてはまりそうなものにかわいさを感じます。観葉植物などのつくられた小さな自然は広大な迫力はないですが、ちょっとした癒しや温かさ、やわらかさを与えるように思います。本物の自然は厳しいものですが、清潔にして飼いならしている感じが、かわいく感じさせるのかもしれません」。

「手づくり」かわいい

「手づくりには既製品にはない温かさ、そして不完全さ、使いづらさがあります。ものをつくるという行為自体がかわいいです。よく見たらそんなにかわいくないものでも、人がつくったものだと聞いたらかわいく感じます。トイカメラで撮る写真がカワイイのも、これに近いかもしれません。いいカメラでのピントのあった写真より、安物のトイカメラで撮ったちょっとゆるい感じの写真のほうがかわいく感じます。安物のトイカメラはデジタルでもフィルムでもどちらもかわいくなりますが、どちらかといえばフィルムで撮ったほうが、手づくり感があってよりかわいく感じます」。

「ごちゃごちゃ」かわいい

「ごちゃごちゃしているものがかわいいです。でも、乱暴なごちゃごちゃじゃそうは感じません。それは雑貨屋さんに行ったときに感じるあの感じです。『化粧品入れポーチ』のなかがかわいく思うのとも似ています」。

このように、かわいいゼミでは、さまざまな「かわいい」が発表された。どの発表にも私にとって新たな発見があり、学生たちの「かわいい」への感度のよさに驚いた。それらの発表をもとに議論を始めたら、次々と意見が出され、いろいろな方向に話が展開していった。「そういう意味ならこれもかわいい」、「それがかわいいのはこういう理由がある」など議論が白熱し、授業終了のベルが鳴ってもおわらなかったくらいである。普段の授業ではあまり発言しない学生も、「かわいい」について話し出すととまらなかった。

こうみてくると、やはり、「なんでもかわいい」ようである。そして、それらの「かわいい」に囲まれると自分もかわいくなる、「かわいい」の一部になっている、と感じるようでもある。それは、自分の「かわいい」化、自分と「かわいい」の一体化、といってもいいかもしれない。

3　マンガ、アニメとかわいい

「かわいいゼミ」の学生たちのなかには、とくに男子学生のなかには、発表の際「マンガやアニメについてのかわいいはあえて避けました」という者がいたが、そういわざるを得ないくらい、マンガやアニメの表象はかわいいとよくいわれているのだろう。また、「ファッションやメイクについてのかわいいは避けました」という学生も何人もいたが、こちらは女子だった。ファッションやメイクに関しては先にふれたので、ここでは「マンガやアニメ」のかわいいについて考えてみたい。

マンガやアニメがかわいいというとき、『涼宮ハルヒの憂鬱』、『らき☆すた』、『けいおん！』などといった作品が思いうかぶだろう。そのキャラクターは総じて、相対的に大きな頭、下方にある大きな目、ふっくらふくらんだ頬、太く短い手足によって描かれる。これらは動物行動学者のコンラート・ローレンツがネオテニー（幼形成熟）と呼んだ特徴でもあり、子どもっぽく未成熟であることで見る者から優しい感情を引き出し、人気を得ているように思われる。

そういったマンガやアニメの表象が街中に広まったのは、一九九七年頃からのようである。評論家の森川嘉一郎が『趣都の誕生』（二〇〇三年）において一九九七年頃から秋葉原に「アニメ絵の美少女」が広まったことを詳細な調査から明らかにしている。その現象は秋葉原や大阪の日本橋等の電気街兼オタク街を起点としながら一気に全国に広まった。二一世紀の日本では、いたるところで「アニメ絵の美少女」がほほえんでいるのである。それは「かわいい」を土台にしながら、さらに「萌え」という感情や感性と結びついた表象である。

「萌え」は「アニメ絵の美少女」が街に広まることと軌を一にして二〇〇〇年頃から頻繁に使われ始めた言葉である。後からみるように、「かわいい」はあえてステレオタイプ的にいうと「おんな子ども」と親和性が高い言葉であり、男子・男性は「かわいい」を使うことはほとんどなかったのだが、そういう男子・男性が「かわいい」にも変換可能な「萌え」という言葉を使い始めたのがこの頃である。

先に示したアニメ作品は主役級の女子キャラクターが何人もいるのも特徴のひとつであるが、今、人数が多くてかわいい存在といえば真っ先に思いうかぶのはＡＫＢ48であろう。彼女らは、ファンをこえ広い層から「かわいい」といわれている。ＡＫＢ48はメディアに登場するときも、「女らしさ」よりは「子どもっぽさ」を強調している。メンバーは総じて身長は高くなく丸顔で目が大きいという点は、先のマンガやアニメのキャラクターに通じる。それは成人女子ではなく子どもっぽい存在であることを示そうとしているのだろうが、なんといっても最大の特徴は人数の多さである。ＡＫＢ48が人気を得てからは、アイドルというのは多人数グループしか存在しないかのようになっている。

ＡＫＢ48は正規メンバーと研究生をあわせて約一〇〇人から構成されており、そのなかで選抜メンバーといわれるテレビなどで歌を披露するメンバーの人数も約一〇～二〇人と多い。名古屋にＳＫＥ48、大阪にＮＭＢ48、博多にＨＫＴ48という同様のグループも存在しているが、どれもＡＫＢ48と同じように大所帯でごちゃごちゃしているのが特徴である。二つのグループに属するメンバーがいたり、異なるグループがともに行う公演もあったりと、整理されていない、洗練されていない印象を受ける。だが、その整理されていない、洗練されていないこと自体も、かわいいといわれる大きな要素のように思われる。メンバー個人個人のかわいさはまた別として、ＡＫＢ48はまさに「ごちゃごちゃかわいい」なのであろう。

アニメやアイドルを、また前節で紹介した街にあふれるかわいいを手がかりにして考えると、現代において、「かわいい」といわれるものは、往々にして、未成熟であったり未洗練・未整理であったりする。それは見る側からしたら、飼いならすことができる（と思うことができる）存在、自分が関わることができる（と思うことができる）存在、といえるだろう。

前節で述べたように、街中でも四六時中、「かわいい」という言葉を耳にする。ここで私が指摘するまでもなく、私たちはかわいい文化のなかにいるといえるだろう。「カワイイ博覧会」の様子や「かわいいゼミ」の学生たちが発表した内容からわかるように、ほとんど「なんでもかわいい」と表現されるのである。つまり、ものや人がかわいくなっていると同時に、かわいいという言葉で表されるものの範囲が、そしてかわいいという感性自体も、かなり広くなっているのである。やはり、現代社会ではほとんど「なんでもかわいい」のである。

第3章　かわいいの来し方

1　なんでもかわいい

現代社会ではほとんど「なんでもかわいい」と前章で述べた。本章では「かわいい」について少し整理をしてみたい。二〇一一年に『芸術新潮』（九月号）で、「かわいい」が特集された。芸術の総合雑誌でそういう特集がされること自体、「なんでもかわいい」を説明する事例のひとつにもなるだろう。特集のタイトルは「はにわからハローキティまで　ニッポンの『かわいい』」であり、そこで日本美術の専門家である矢島新が「かわいい日本美術」として誌上レクチャーを行っている。遮光器土偶、はにわ、仏像から、歌川国芳や伊藤若冲の絵画まで、女子大生を対象とする、かわいいという視点からの日本美術レクチャーである。その最後に、レクチャーでとりあげられた作品から「女子大生が選んだ〝かわいい〟日本美術ベストテン」があげられている。そこでは一位：円山応挙の犬、二位：簗島物語絵巻、三位：鳥獣戯画、四位：若冲の蛙、五位：与謝蕪村の俳画、南天棒の〈雲水托鉢図〉という順位が示され、「〝かわいい〟と〝素朴〟には密接な関係があるということです。《源氏物語絵巻》や春信の錦絵のような完成度の高い作品より、禅画や俳画のようなゆるさが際立つ作品が支持を集めたのは、〝かわいい〟の本質を示唆するものだと思います。ただおそらく、〝かわいい〟と〝素朴〟は少し違う。〝かわいい〟の本質が未成熟にあるとすれば、〝素朴〟（に味わいを見出すの）は成熟の先にある美意識である、と私は勝手に考えています。どちらも成熟した文明と向き合う中で培われた、周辺的な感覚だとは思いますが……」（『芸術新潮』二〇一一年九月号：六五）とまとめられている。ここで指摘されている「素朴」は、後で述べる二〇〇〇年代の「カワイイ」にも大きく関わってくるように思われる。

矢島の誌上レクチャーは近世である江戸時代までをあつかっている。女子大生が選んだかわいい日本美術ベストテンでは円山応挙の描く犬が一位になっているが、応挙の犬だけではなく江戸時代の絵画には、今見ても「かわいい」と思える絵が多い。それについては、府中市美術館が二〇一三年に「かわいい江戸絵画」という展覧会を開催して話題になったことにも重なってくるだろう。

その展覧会によると、本格的なかわいい絵の幕開けは江戸時代の前半、一七世紀から一八世紀前半ということである（府中市美術館編 二〇一三：一三）。世情は安定し、都市経済も発達したこの時代に、武家や寺社だけではなく町人も文化を楽しむようになった。かわいい描き方はまだ確立されてはいなかったが、人びとがかわいいと感じるような絵が生まれた。そして江戸時代後半、およそ一八世紀半ばから一九世紀前半にかけて、かわいい絵が多く描かれた。それは、小さく愛らしいものをかわいく描くことのできる技術や技巧の出現によっているが、この頃にはまだ技術や技巧によらない、どちらかというと素朴で単純なものから受けるかわいさを描いたものが多い。

しかし、近代的な国家をつくることに取り組んだ明治時代には、「かわいい」は存在しない。少なくとも表立ってはみえてこない。理念の崇高さや力強さ、あるいは重厚長大であることが意味をもち、「かわいい」が隠れてしまったという点で、明治はとても特徴的な時代である。その「かわいい」とつながる素朴さや単純さについても忘却されたのが明治という時代のように思われる。

大正時代には様子は少し変わってくる。近代国家づくりや社会変革が一段落したところで、明治にはみられなかった感性やものが表出してくる。そのひとつが竹久夢二の抒情画である。「夢二式美人」と呼ばれる挿絵が本の表紙や広告デザインなどで使われ、かなりの人気を得た。明治には少なくとも表立ってはみえなくなっていた、未成熟さをかわいいと感じる感性が、夢二の絵によって目に見えるかたちで再びあらわれてきたのである。

ここで書き留めておきたいことは、夢二の絵は素朴さや単純さによるかわいらしさを描いたのではなく、江戸末期に発達した絵画技術や技法を使って未成熟のかわいさを描いたものであるということだ。明治という時代を経ることで素朴さや単純さによるかわいさはいったん忘れられ、未成熟

竹久夢二「まりつき」
『少年少女』第9巻第4号　1927年

というかわいさのほうはなんとか引き継がれたのである。かわいいがみえなくなった明治をはさんで、その前と後とでは「かわいい」の質が少し変わったということだろう。

　昭和初期になると中原淳一が登場する。中原の描く少女は夢二の絵の影響を受けながら、未成熟さの魅力をさらに高めたといわれる。西洋人形のような顔立ちのイラストは、夢二を代表とするそれまでの浮世絵ふうとは異なる画風である。中原は昭和七年から『少女の友』の専属画家となり、挿絵を描くだけでなく、付録づくりなどにも関わるようになる。昭和一〇年からは表紙絵も描くようになって人気はさらに高まったが、昭和一五年になると中原の描く愛らしい少女の絵は社会情勢とあわないためか、彼のイラストは使われなくなる。

　戦後、中原は、一九四六年八月一五日に婦人雑誌『ソレイユ』（一九四八年に『それいゆ』となる）、一九四七年一月に月刊少女雑誌『ひまわり』、一九五四年に隔月刊誌『ジュニアそれいゆ』を発行し、戦時中の時間を取り戻すかのように精力的に仕事を行った。睡眠時間は数時間という生活を何年も続けたためか、一九五八年(四五歳)に心筋梗塞、一九五九年(四六歳)には脳溢血、一九六〇年(四七歳)には心臓発作と、続いて病に倒れることになる。その後、数年間の療養生活を送り、一九六五年(五二歳)あたりから少しずつ仕事を再開していく。

戦中には検閲があり、中原に限らず誰もがかわいいものを表現できなくなっていったのだが、それは人びとが「かわいい」を味わうことができなくなったということでもある。右に示したように、戦後になって少しずつ、「かわいい」が復活していったのである。

一九六〇年代後半から、内藤ルネのイラストが一世を風靡した。内藤ルネは一九五一年に中原淳一が主宰するひまわり社に入社し、最初は編集業務を行っていたが、『ジュニアそれいゆ』創刊時から主要メンバーとなり、『りぼん』や『なかよし』など少女雑誌のイラストを多く手がけた。内藤ルネが描くイラストは竹久夢二よりも、そして中原淳一よりも、さらに未成熟なテイストのものであった。内藤ルネは少女の価値を「美しい」から「かわいい」に転換させたともいわれているが、竹久夢二、中原淳一、内藤ルネという三人を比較してみると、その描く少女がだんだんと未成熟なものになっていくのがよくわかる。

内藤ルネは二〇〇〇年代に入って再評価され、二〇〇二年に初の回顧展「内藤ルネ展　ミラクル・ラヴリー・ランド」が開かれた。二〇〇五年には「内藤ルネ初公開コレクション展　日本の可愛いはルネから始まった」、また二〇一二年には「増田セバスチャンが見つけた『もうひとつの内藤ルネ』展 Roots of カワイイ」が開催され、それらを通してあらたなファンを獲得している。このように内藤ルネは、すぐ後で述べる、一九七〇年代から一般的になる「かわいい」におけるさきがけ的な存在であることがわかる。

そして一九七〇年代にあらわれ、テレビなどで大活躍したのが水森亜土である。彼女により一気に「かわいい」が広まった。水森亜土は歌を歌いながら透明アクリルボードに両手でイラストを描くパフォーマンスをすることでタレントとしての人気があった。彼女の描くイラストは幼児体型の女の子が多く、未成熟のかわいいイラストのひとつの頂点ということができるだろう。彼女のイラストをもとにしたかわいい亜土ちゃん文具や亜土ちゃんグッズが多く販売されるとともに、メディアで活躍する水森亜土本人もかわいいアイドルだった。

その七〇年代は、亜土ちゃん文具やグッズだけでなく、かわいい文具やグッズが急速に広まった時代である。内藤ルネも「ルネパンダ」を発表し、そのイラストを使ったグッズは大人気となった。七〇年代文化＝かわいい文化といってもいいだろう。実際に「それまでは日陰の存在だった少女なるものが一気に時代の表層に噴出した」（大塚 一九八九：四八—四九）ともいわれるくらいである。この言葉は一九八九年に刊行された大塚英志の『少女民俗学』に書かれたものであるが、一九八〇年代から、かわいいものやかわいいことが研究の対象となってきたということを表しても

中原淳一『ひまわり』
第2巻第5号表紙原画　1948年
（©JUNICHI NAKAHARA/ ひまわりや）

内藤ルネ『ジュニアそれいゆ』
1960年6月号表紙（©R.S.H/RUNE）

水森亜土『水森亜土』河出書房新社　p. 8
（©ADO MIZUMORI）

いるだろう。

2 「かわいい」に関する研究

「かわいい」に関する研究の嚆矢は山根一眞の『変体少女文字の研究』（一九八六年）ではないだろうか。この本は、一九七〇年代後半に急速に普及した「かわいい文字」について書かれたものである。山根によると、京都の直指庵の参拝者が自由に書くことのできるノート「思い出草」に最初に「変体少女文字」が登場するのは一九七四年であり、それは一九五九年生まれの高校二年生が書いたものだった。それを手がかりにしながら山根は、それまでになかったこの文字について丹念に調べ、その結果をまとめたのが『変体少女文字の研究』である。これは今でも「かわいい」についての代表的な研究のひとつである。

山根によると五〇〇万人もの普及をみたといわれる変体少女文字は、「かわいい」を骨格とする。変体少女文字を書く理由は、ただひとつ、それが「かわいい」からである。少女たちが「なんでもかわいい」で通してしまうきざしを、山根はいち早くとらえた。「『かわいい』は、きれいだ、面白い、美しい、素敵だ、素晴らしい、見事だ、楽しい、やさしい、といった多くの意味に使われている」（山根 一九八六：二二二）、「『かわいい』は、きれいな姿かたちを備えた弱者を許容する言葉である。そういう弱者にいとおしさを認め、それを容認するのが、『かわいい』である。『かわいい』ものは安全なのである。『かわいい』ものは、自分よりも弱い。楽々と自分にとりこめる見こみがある」（山根 一九八六：二一四）、「これを反転させると、力の強いもの、あくの強いもの、自分より上のものは受け入れないという構造が見えてくる。受け入れないというより、避けたい、歯が立たない、相手にするのが面倒くさい、怖がる、と言ったほうがよい」（山根 一九八六：二一四）、などの指摘は、非常に鋭い。また山根は「弱々しさ、幼さをもちながら姿かたちがきれいなことを至上とする価値観に、少女たちはとらわれて」（山根 一九八六：二一四—二一五）おり、「強いものを避けたいという意識」（山根 一九八六：二一五）がかわいい文字を生み、「このままいけば、二一世紀の日本人は、誰もが『かわいい』の価値観をもち、誰もが変体少女文字を書いている可能性はきわめて高いと、私は考えている」（山根 一九八六：二二〇）とまでいっている。山根の予想した二一世紀の姿は後でみることにしよう。

その後、『変体少女文字の研究』の影響も受けながら、「かわいい」に関係する重要な研究がなされた。それが、先に示した大塚英志の『少女民俗学』である。この本は消費社会を飲み込むかわいいカルチャーを民俗学的視点から読み解いたものである。大塚は、昭和四〇年代後半から五〇年代初めの数年、つまり一九七〇年代を「少女文化のビッグバン」のとき、「かわいいカルチャー誕生」のとき、と位置づけた。

大塚は、山根一眞の発見した変体少女文字が、昭和五三年（一九七八年）に急速に普及したことを、なぜこの時期に変体少女文字が誕生しなければならなかったのかと問題設定し、それに対して、「少女文化そのものに何か大きな変動があって、その一つの現われとして〈変態少女文字〉も浮上してきた」（大塚 一九八九：五二）とする。そして、「昭和四〇年代に誕生した『かわいいカルチャー』は巨大化し、少女たちはあらゆるものを〈かわいい〉と呼び、その磁場に引き込んだ」（大塚 一九八九：六八）、「昭和四〇年代後半以降は、少女文化が男たちの文化をしだいに浸食していく時代だったようである」（大塚 一九八九：六八）と説明する。今からみても、大塚のこれらの指摘は的を射ている。

より風俗的な観点から「かわいい」をあつかったのが、島村麻里の『ファンシーの研究』（一九九一年）である。島村は同書出版の一〇年ほど前（一九八〇年頃）の自身がＯＬになりたての頃、同僚のお弁当箱にハローキティ（キティちゃん）、スヌーピー、テディベア、ドナルドダックなどのイラストが描かれていて、おとなの女性が幼稚園児が使うような食器でご飯を食べていることに驚いた。まわりを見れば、それ以外のものにも「かわいい」があふれ、街中に広がっていることに興味を覚え、「かわいい」に関しての取材を始めた。街中に広がる「かわいい」に驚いたという島村自身も実はそのような嗜好をもっており、いわば開き直って、幼稚といわれようが、悪趣味といわれようが、そのような批判をものともせず、かわいいものが増殖し続ける世の中について記述したのが『ファンシーの研究』である。「かわいいモノを求める嗜好やこころ、それを私はファンシーと呼ぶことにする」と島村がことわっているように、同書でいわれる「ファンシー」は「かわいい」と同じ意味である。

島村は、ファンシーの四大要素は、形容詞でいうと、小さい、白っぽい（パステルカラーを含む）、丸い（丸みをおびた）、やわらかい（ふわふわした）、であるといい、「それを見て私たちが思わず『かわいい！』と声をあげてしまうモノにはそれぞれ、この四つのうちのどれかの要素が必ず当てはまっているのだ。ひとつでも多くの形容詞を併せ持っていれば、さらに〈ファンシー〉係数が高まる」（島村 一九九一：一九九）とする。

島村（一九九一：二〇〇—二〇三）の指摘をもう少し具体的に説明しよう。

①小さいもの。本来あるべきサイズとは違う、ミニアチュールなモノに私たちが感じる愛らしさが、「小さい」の持つパワーである。

②白っぽい（パステルカラーを含む）。「白い」だけでは〈ファンシー〉にならない。けれども「小さい」に「白い」が加わると、一気に「かわいい！」のパワーが強まる。私たち、とくに女性は、「白い（白っぽい）」に幼児の無邪気と少女の清潔を求めているのではないだろうか。

③丸い（丸みをおびた）。丸いモノは、とんがった、鋭角のモノに対し、おだやかで人をなごませる

イメージを持つ。

④やわらかい（ふわふわした）。「やわらかさ」とは、実際の触覚上の問題だけではない。見えたり、感じられたりする視覚上、感覚上で「やわらかく」、「ふわふわに」思えさえすれば「かわいく」なるのである。

これらを示したうえで島村は、「一見かけ離れた世界に在るモノが『小』『白』『丸』『柔』という四つの要素を共有していさえすれば、極端に言えばすべて同じカテゴリーのモノ――つまり〈ファンシー〉――に属していることが、あらためて見えてくる」（島村 一九九一：二〇三―二〇四）という。

「かわいい」を社会学的に研究したのは、宮台真司らの『サブカルチャー解体新書』（一九九三年）が最初ではないだろうか。

宮台らは、島村の定義は雑にすぎるという。宮台らは少女文化の歴史的分析を行い、そのうえで少女のコミュニケーションの分析から、島村のいうような属性を含むもののなかにも次のような傾向を区別しなければならないとする。

①人間工学的……「人にやさしい」ことを追求した結果としての丸さや白さ、軽さ、皮膚感覚に

沿ったソフト化やライト化などの「人間工学的」カテゴリー。これは島村のいうファンシーの要素と重なる。

②ロマンチック……「自分と世界のロマン化」とも考えられる「ロマンチック」要素。「あなたとわたしの二人の愛に包まれた世界」とか、自分のまわりのものを「アーリーアメリカンの生活のように」、「アンのいるプリンスエドワード島みたいに」ロマンチックなものとしてみて、ノイズを無視する。

③キュート……愛らしさや無邪気さや明るさ活発さ、無垢など、個々のモノやコトについてのある種の「子ども的」属性であるキュートさ。花やフルーツの模様、動物のキャラクター、ミッキーマウスやスヌーピー、キティちゃんなどがここに含まれるが、②とは別種のもの。

そして②ロマンチックと③キュートが七〇年代半ば以降の「かわいいカルチャー」に大きく関わるという。つまりそれは少女的（②）、子ども的（③）ということである。

対象や観点は異なるのだが、八〇年代から九〇年代初めにかけて、山根や大塚、宮台や島村がいったことには重なるところが多い。これらを考えあわせると、「かわいい」とは、未成熟なものに親和的な感性、あるいは、未成熟なものから受ける情動、とすることができるのではないだろうか。その感性や情動は大正期の人びとが竹久夢二の絵に抱いたものにも通じるだろう。大正時代の夢二をひとつの出発点として、その後時間をかけて未成熟を社会が認知、許容、尊重するようになったといえないだろうか。今となっては当たり前になっていることかもしれないが、「かわいい」を社会的な現象として発見した山根たちの研究の意味は大きい。

現代において、「かわいい」といわれるものは、未成熟であり未洗練であるものが多い。それは見る側からしたら、飼いならすことができる（と思える）、関わることができる（と思える）存在だといえるだろうか。その「かわいい」を、あえてステレオタイプ的に表現するならば、「おんな（少女）子ども」の感性、あるいは、「おんな（少女）子ども」に関連づけられる情動、となるだろうか。またそれは、飼いならすことができると思う側である「おとこおとな」の感性、「おとこおとな」に関連づけられる情動と対照的なものといえるだろう。

次節からは「かわいい」が広まった七〇年代にさかのぼり、「子ども」と「おんな（少女）」という二つの観点から、二〇〇〇年代までの様子をもう少しくわしくみてみることにする。

3　子どもに関する「かわいい」

島村麻里は、「まず、私たちの多くは『小さい』に対して『かわいい！』と反応する場合がいちばん多いと思う」（島村 一九九一：二〇〇）といっている。人間において「小さい」といえば「子ども」である。子どもに関する「かわいい」は、おそらくもっとも基本的な「かわいい」であろう。まずもって、無垢という意味での子どもそのもの、つたなく未完成なそのしぐさは誰が見てもかわいいと感じる。また、子どもが好むもの、子どもにまつわるものもかわいいといわれる。これは、幼さ、やわらかさ、愛らしさ、小ささ、そしてさらにいえば、はかなさ、弱さ、もろさ、などが呼び起こす感性である。

子どもに関わるものの代表として、絵本をあげることができるだろう。絵本のキャラクターのなかでもっとも人気のあるもののひとつはミッフィーである。ミッフィーはオランダのグラフィックデザイナーで絵本作家のディック・ブルーナの作品であり、原文では「ナインチェ」という名称である。一九五五年に誕生し、日本では一九六四年に石井桃子の訳により『ちいさなうさこちゃん』として出版されたが、それはオランダ以外では初めての紹介だった。そして一九七〇年代から広く人気を得る存在になっていった。

ディック・ブルーナの作品については「描線や配色はモダニズムの直系だが、にもかかわらず、それに過剰なまでに『かわいい』を見出してしまうのは、日本国内だけの現象かもしれない。海外では子どもの絵本に過ぎないのだから。ここでも、大人と子どもの中間領域である、少女的な感受性が見え隠れしている」との指摘もされている（『美術手帖』二〇一〇年一二月号）。ミッフィーは世界各国で親しまれているが、日本以外ではやはり子ども向けのようである。

同じことが、日本で生まれたかわいいキャラクターの代表であるハローキティにもあてはまる。ハローキティも最近では子どもたちよりも青年期の女子や成人女子のほうに人気があるくらいである。ハローキティは一九七四年にサンリオがつくったキャラクターであるが、その頃につくられたキャラクターは物語を背負っていないのが特徴だといわれる。だからこそ、ハローキティは「なんでもかわいい」の代表的な存在なのかもしれない。物語を背負っていないから――それはある意味で無垢ということでもあろう――、ご当地キティにみられるように、なんでも受け入れ、それでも変わらない存在となるのだろう。

子ども向けテレビ番組においても、かわいいキャラクターはあふれている。NHK教育テレビのニャッキ!、でこぼこフレンズ、民放ではポンキッキーズのガチャピンとムック、これらのキャラクターは子どもだけでなくおとなも取り込んでしまった。それらをおとなも「かわいい」と感じる、キャラクター好きな日本人の感性によるのだろう。ここでは日本人がキャラクターを好むことを未成熟の証として片づけるのではなく、未成熟なものを好む感性や文化の問題としてとらえてみたい。つまり、日本人にはキャラクターというかわいいものへの嗜好があり、キャラクターが「子どもが好むもの」、「子どもらしいもの」にとどまらず、広く一般的なものとして定着していると考えてみたいのである。

実際、最初からおとな向けであるキャラクター、おとな向け消費財につけられたキャラクターも二〇〇〇年代に入ってから目立ってきた。JR東日本のSUICAのペンギン（二〇〇〇年）やダイハツのCMで使われるカクカクシカジカ（二〇〇八年）がその代表的なものだろう。SUICAペンギンやカクカクシカジカなどを生んだイラストレーターの坂崎千春が「自分の中の〝かわいい〟を掘り下げていくことで、自分以外の人にも伝わる普遍的なイメージや描写がみつけ出せます」（坂崎 二〇一一：一二三）といっているように、かわいいイラストはもはや子ども向けだけのものではなくなってきている。

他にも保険のCMにおける「まねきねこダック」（アフラック、二〇〇九年）、クルマのCMにお

ディック・ブルーナ『ミッフィーの たべもの　なあに』表紙
講談社　2014年（Illustrations Dick Bruna ©copyright Mercis bv, 1953-2015 www.miffy.com）

『マイ ラブ キティ 40周年記念版』表紙
飛鳥新社　2014年（©飛鳥新社）

ける「のってカンガルー」（日産、二〇〇七年）など、広告や宣伝の分野においては、おとな向けの商品にも今やキャラクター使用は基本になっている。クルマや鉄道という移動体や保険の宣伝に積極的に使われているというのがおもしろい。こうみてみると、当初は子ども向けだったキュート、未成熟、丸い、やわらかい、などから成り立つかわいいキャラクターが子ども用だけではなくおとな用としても私たちのまわりにあふれていることがわかる。

このように、一九七〇年代以降、徐々に「子ども」かわいいをおとな（おとこおとな）もかわいいというようになってきた。そして今ではそれは当然のようにもなっている。

4　少女に関する「かわいい」

すでに述べたように、少女に関係する「かわいい」は一九七〇年代前半に顕在化してきたといわれる。昭和でいうと四〇年代後半である。先に示した、大塚英志の『少女民俗学』によると、かわいいカルチャー的少女文化の誕生と同時に少女市場が拡大されたという。市場の拡大については、一九七一年に学研が参入、一九七四年にサンリオのファンシーショップ一号店開店、ハローキティ誕生、パティ&ジミー誕生、一九七五年リトルツインスター誕生、などがあげられている。物語性をもたないかわいいキャラクター、少女がちょっともってみたいと思うようなキャラクターが、ハローキティ以外にも次々と生まれていったのが一九七〇年代なのである（香山・バンダイキャラクター研究所 二〇〇一：八五）。

その頃から、少女たちが消費者としてあらわれてきたということだろう。なかでも大きな出来事のひとつが、一九七四年のハローキティの誕生であることは間違いない。また、消費という観点からみれば、一九七〇年三月創刊の『ａｎａｎ』もかわいいについてとても大きな意味をもっている。『ａｎａｎ』はファッションやグッズなどの商品情報を多く掲載したのだが、その商品を掲載する基準は「かわいい」か「かわいくない」かだった。編集に関わっていた赤木洋一は、女性編集者に商品を選ばせたときに彼女らが「かわいい」という基準で選択することに驚き、「選んだ理由は、『カワイイ』から。それしか出てこない。理屈が皆無なのだ。あげくの果てには、こんなことも言われた。『またオトコの目で選んでいる』」（赤木 二〇〇七：一六八）と書いている。

一九七〇年代といえばもうひとつ忘れてはならないことがある。大塚も指摘するように、「花の二四年組」と呼ばれる、萩尾望都、竹宮恵子、大島弓子、山岸凉子らのマンガには、それまでのマンガとはやや異なる少女趣味的な「かわいい」の萌芽がある。のちにそれを花開かせたのは一九七〇年代後半に『りぼん』を中心に活躍した、田渕由美子、陸奥A子、太刀掛秀子、篠崎まことらであり、彼女らのマンガは「乙女ちっくマンガ」、「かわいいマンガ」と形容された。それら一九七〇年のかわいいマンガによって少女マンガのマーケットは拡大し、ファンシーグッズの流行と重なりあいながら、少女たちはさらにかわいいものの消費者になっていくのである。

そのような風潮のなか、一九八二年に雑誌『Ｏｌｉｖｅ』が創刊された。読者は「オリーブ少女」と呼ばれ、リボンやフリル、レース、花柄など「少女っぽい」装飾志向のスタイルを好んだ。『Ｏｌｉｖｅ』誌上ではかわいいが多用され、そこから単なる間投詞ではない使い方が広まったように思われる。他にも『ＪＪ』などのファッション誌では、白襟で紺のワンピースといった上品な幼稚園児の制服のようなワンピースが紹介されたりした。この頃から、ファッションに関してもかわいいという言葉が用いられ始めた。この感覚は、その後、確実に広がっていく。

現在では、未成熟なフェミニンイメージは「ガーリー」へと進化している。現代版かわいいファッションであるガーリーに関する代表的イベントは、二〇〇二年に始まった「神戸コレクション」である。同じくガーリーに関する最大のイベント「東京ガールズコレクション」は二〇〇五年に始まった。この頃からファッション誌にかわいいという言葉がかつてないほど多用されるようになったのだが、それは「かわいい」が一般化した結果といっていいだろう。

「神戸コレクション」「東京コレクション」に続き、テレビや雑誌でも「かわいい」の一般化が行われた。ＮＨＫ総合テレビでは二〇〇八年から「東京カワイイＴＶ」の放送が開始され、ファッションやアクセサリーなどから、アウトドア、食べ物、ハンドメイド、京都といったものまでをかわいいという切り口で紹介し、人気番組となった。

このようにみてくると、やはり、「なんでもかわいい」ようである。

これら、少女による「かわいい」モードをまとめた古賀令子の『「かわいい」の帝国』では、「『かわいい』は未成熟を嗜好する美意識である」、「『かわいい』モードは装飾《デコ》志向である」、「『かわいい』は女の子のための特別《エクスクルーシブ》な価値観である」、「『かわいい』は日本的高度消費文化の象徴的構造物である」、「『かわいい』はリスペクトのないフラットな価値観である」と、多面的にかわいいを定義づけている。また、「『究極の個人主義的価値観』を背景とする少女趣味的（幼さ）嗜好」、「過剰なまでの装飾スタイル」ともいっている（古賀 二〇〇九：二〇三、二〇四、二〇六、二〇七、二一〇、二一五）。

さらに、ファッション誌を例にしながら、「『私たちだけがわかる』という共感性の強い同性間コミュニケーションとしての『ＣＵＴｉＥ』の『かわいい』と、異性に『私のかわいさをわかってもらいたい』というコミュニケーション手段としての『ＣａｎＣａｍ』の『かわいい』。ファッション誌が形成してきた『かわいい』という言説とイメージは、その読者が誰なのか、そして誰に自分の価値観（かわいさ）をわかってもらいたいかによって大きく二分されていた。その異質の要素を包含したものが、現在の広く受容されている『かわいい』イメージなのである」（古賀 二〇〇九：二三六―二三七）ともまとめている。このことは、「神戸コレクション」や「東京コレクション」あたりから、ファッション誌に「かわいい」という言葉がかつてないほどに多用されるようになったという事実とも重なってくるだろう。ファッションの言葉としては「かわいい」があれば事足りるといっても過言ではない。

『装苑』二〇一〇年八月号では、「少女たちが『かわいい』という言葉を使うのは、なにか内実があることをいいたいわけではなく、『自分はこれをいいと思う』という態度表明としてである。実際に何がかわいいかはそれほど問題ではない。それは『何かをいいと思う自分が好き』という自己肯定のマニュフェストだからである」との指摘もされている。これらからわかるように、いまや「かわいい」は、同性に向けて、異性に向けて、自分に向けてという、三方向を包摂して用いられる便利な言葉となっている。そのうちの異性コミュニケーションとしての「かわいい」の成果でもあるのだろうか、「少女」かわいいをおとこ（おとこおとな）もかわいいと感じるようになってきた。

ここまで、「子ども」と「おんな（少女）」を分けてみてきたが、そのことによって、かえってそれらは明確に区別できるものではないことがわかるだろう。「かわいい」はさまざまな要素が重なりあいながら、そして、「おとこおとな」も取り込みながら形成されているのである。

5　クールジャパン

「かわいい」は、日本国内の「おんな子ども」や「おとこおとな」だけではなく、海外においても理解されるようになってきている。クールジャパンといわれる現象はそれを表すひとつのいい例であろう。クールジャパンとは一九九〇年代にイギリスが進めたクールブリタニア政策をもとにしたものであり、マンガ、アニメ、Ｊポップなどの日本の文化コンテンツを指して使われる言葉である。二〇〇二年にダグラス・マクグレイが『Foreign Policy』誌に発表した「Japan's Gross National Cool」という論文から広まった。クールジャパンは「日本（製品）のかっこよさ」をいったのであるが、それは「かわいい」と密接に結びついている。

クールジャパンとかわいいについては、東浩紀編『日本的想像力の未来』（二〇一〇年）において検討されている。そのなかで日本文学研究者のキース・ヴィンセントは、「ポケモン」や「セーラームーン」を通して日本とつながっている海外の若者は、日本で勉強をしたら自分の子ども時代をもう一度追体験できるのではないかと夢想しているフシがあり、また日本文化の未成熟さこそに惹かれていると述べている。そして日本のほうも国家レベルで自らの「未成熟」性から生じる「かわいらしさ」を文化的輸出品として活用していることを指摘している。

クールジャパン政策の後ろ盾は経済産業省である。同省は二〇一〇年に製造産業局に「クールジャパン室」という部署を設け、「日本の戦略産業分野である文化産業（＝クリエイティブ産業：デザイン、アニメ、ファッション、映画など）の海外進出促進、国内外への発信や人材育成等の政府横断的施策の企画立案及び推進を行」うとした。このようにクールジャパンをクローズアップしてそれを活用しようという動きも大きくあるが、クールジャパン、あるいはジャパンクールというのがなにを指すのかはっきりとしないところもある。たとえば現代美術作家としてクールジャパンの代表選手とも目される村上隆は、クールジャパンとかいっているのは日本だけ、ともいっている。とはいえ、ポケモンやセーラームーンなどのマンガやアニメ、Ｊポップを日本以外の国で好む人がいるのは事実であり、毎年、フランスで行われているジャパンエキスポはかなり多くの人を集めるイベントとして定着している。後で述べるが、これらは未成熟によるかわいいの表出、そしてその受けとりが中心となっている。

ところで、クールジャパンがいわれだしたころに出版されたのが、四方田犬彦の『「かわいい」論』（二〇〇六年）である。これは、山根一眞や大塚英志、島村真里や宮台真司とはまた違う観点からのかわいい研究である。四方田はかわいいの美学的感性に注目した。四方田が「かわいい」を考えるきっかけになったのは「セーラームーン」だった。セーラームーンが世界中で受け入れられることに、かわいいの美学は国境をこえ、民族と言語の壁をこえ、世界に広がるさまをみた。「ひとたび、『かわいい』という魔法の粉をふりかけられてしまうと、いかなる凡庸な物体さえ、急に親密感にあふれた好意的な表情をこちらに向けてくれることになる」（四方田 二〇〇六：一五）という。そして、一〇世紀のもののあわれ、一三世紀の幽玄、一六世紀のわび、一八世紀のいき、をひきあいに出し、「小さな物、どこかしら懐かしく、また幼げなる物を『かわいい』と呼び、それを二十一世紀の日本の美学だと見なしたところで、どうしていけないことがあるだろう」（四方田二〇〇六：一八）と述べる。

『「かわいい」論』では、かわいいにはただの未成熟さだけではなく、なにか別の要素が含まれる可能性が示唆されている。そのことにも関係するのだが、前節のことも含めて考えると、かわいいは「おんな（少女）」や「子ども」に親和的ではあるものの、今やなににでも使える言葉にもなっており、「おとこおとな」を含むかなり広い範囲をカバーする言葉になっていると考えることができる。何度も繰り返すが、ほとんど「なんでもかわいい」のである。だからこそ四方田は「かわいい」を「二十一世紀の日本の美学」と見なしたのではないだろうか。

第4章 もうひとつのカワイイ

1 かわいいとカワイイ

ここまでみてくると、ほとんど「なんでもかわいい」と私がいうのも理解していただけるのではないだろうか。それぞれがいいと思うものや好きなものについて、「かわいい」という言葉を使う。一方では、どういう「かわいい」にも含まれない、かわいくないもの、かわいくはならないもの、もある。逆にそのようなかわいくないものに対して、そうではないものを「かわいい」といっているようなフシもある。そして、この「かわいくないもの」というのが実は大きな問題である。「かわいくないもの」ははっきりとしている。端的にいうと、「おとこおとな」の要素が強いものはかわいくない。あえて単純化した言葉でいうと、伝統、権威、力強さ、押しつけがましさなどはかわいくない。

かわいくないもの、つまり、「かわいい」からもっとも遠いもののひとつに「建築」というものがある。建築史家の中川理のいうディズニーランド化された建物（中川 一九九六）や建築評論家の五十嵐太郎の調査した結婚式教会（五十嵐 二〇〇七）など、ある意図の結果としてかわいくなった建築はこれまでもあったかもしれないが、それらはむしろ特殊で興味深い例外である。建築を表現する言葉としては「美しい、カッコいい、プロポーションがいい、機能的とか合理的」（五十嵐 二〇一〇：二六二）というのが、ごく一般的なものであろう。つまり建築というのは、またあえてステレオタイプ的にいうが、ごく狭い意味での「おとこおとな」な分野であり、ある意味での成熟を基盤とする分野なのである。そして、美という、四方田犬彦が『「かわいい」論』のなかで「かわいい」の対概念として提示したものが強くいきる分野である。

建築、なかでも大きなものや記念碑的なものに関わった象徴的な存在としては、丹下健三（一九一三―二〇〇五年）や安藤忠雄（一九四一年―）の名前をあげることができるだろう。

丹下健三は戦後の日本を代表する建築家である。日本の戦後復興から高度経済成長期にかけて時代と並走した建築家だったといえるだろう。モダニズム建築の第一人者であり、長く東京大学教授の職にもあった。初期は広島平和記念館・平和記念公園（一九五四年）、香川県庁舎（一九五八年）といったモダニズム色の濃い作品をつくった。その後は、高度経済成長期を象徴するような、国立代々木競技場（第一・第二体育館）（一九六四年）、東京カテドラル聖マリア大聖堂（一九六四年）、などのダイナミックな作品を発表した。それらは世界的な傑作として知られ、丹下の代表作といわれている。晩年の作品としては新東京都庁やフジテレビ社屋が一般的にも知られている。これらからわかるように、丹下はモニュメンタルな作品を多く残している。建物自体のスケールも大きく、そしてなによりも、丹下自身がカリスマ的存在であった。

このように、丹下は七〇年代まで国内で、スケールにおいても存在感においても、大きな仕事をした。彼は一九五〇〜七〇年代の日本の精神を建築で表したともいえるだろう。それ以降は国内での仕事は少なくなっていき、中東やシンガポールなどでの仕事が多くなった。高度経済成長期がおわると、日本国内でスケールにおいても存在感においても大きな建築物が建てられなくなったからかもしれないが、日本社会におけるかわいいの広がりと裏表になっているようにも思われる。

安藤忠雄は、建築家としては異例のキャリアの持ち主である。建築界は有力大学の建築学科出身者が中心となっている権威主義的な世界であるが、安藤は高卒でありながら世界的に有名な建築家となり、東京大学教授にも就任した。このことからわかるように、安藤はきわめて特異な存在である。デビュー作の住吉の長屋から今日にいたるまで、打ち放しコンクリートを使った作風で有名であり、彼の設計する個人住宅は住む人に「覚悟をもって住んでもらいたい」と緊張感を求める。それは公共建築においても同じであり、彼が設計した公共建築は動線が迷路のようである。使いやすさとは別次元の存在感が安藤建築の特徴である。

代表的な作品としては、六甲の集合住宅（一九八三年）、光の教会（一九八六年）、アートの島として有名な直島にあるベネッセハウスミュージアム（一九九二年）や地中美術館（二〇〇四年）などが知られている。二一世紀に入ってからも表参道ヒルズ（二〇〇六年）、東京大学情報学環・福武ホール（二〇〇八年）などをつくり、近年のものまで彼の特徴は一貫している。安藤は国外でも活躍しており、彼自身もまたカリスマ的存在である。安藤建築は丹下建築のスケールとは違う意味において、記念碑的・モニュメント的な建築といえるだろう。

丹下と安藤の二人を代表的な人物としてあげたが、彼らだけに限らず、建築家においては権威やカリスマ性などが幅をきかせてきたといってもいいだろう。そしてそういう人たちがつくる建築自体も、これまではいわゆる重厚長大なものが多かったといえるだろう。

しかし、二〇〇〇年頃から、そういう建築の世界にも「カワイイ」があらわれてきた。神奈川工科大学KAIT工房で二〇〇九年建築学会賞作品賞を受賞し、二〇一〇年ヴェネチア・ビエンナーレにおいてアーキテクチャ・アズ・エアで金獅子賞を受賞した石上純也（一九七四年—）。現在、もっとも注目される建築家である彼の作品はよくカワイイといわれる。実際、本人もスタディにおいてカワイイという言葉を頻繁に使っている。石上は妹島和世（一九五六年—）の事務所出身であるが、石上によると、妹島もカワイイという言葉をよく使っていたようである（五十嵐 二〇一〇：二六二）。その妹島が自身の事務所をたちあげる前にスタッフとして働いていた伊東豊雄（一九四一年―）は、かつて「風の建築」という言葉を使っていた。「風の建築」とは「風のように軽やかで、状態だけがあって形態を持たない建築」（伊東 一九八九：三五〇）を意味するのだが、それの進化系である近年の伊東の作品は若者からカワイイといわれることが多い。

こうみてくると、伊東から妹島そして石上へと続く系譜においてカワイイ建築が進化してきたといってもいいかもしれない。ここでいうカワイイは、伊東の「風の建築」という言葉にあらわれているように、一種の軽さや淡さを含んでいる。別の言葉でいえば、「力強くないさま」となるだろうか。

これと似たことが、別の建築家にも認められる。隈研吾（一九五四年―）のいう「負ける建築」、「小さな建築」や藤本壮介（一九七一年―）のいう「弱い建築」である。隈や藤本はあえて否定的な言葉を用いることで、力強くないさまを表現している。

隈は、歌舞伎座（第五期）の設計で知られている。彼の『負ける建築』（二〇〇四年）のカバーには「都心に屹立する摩天楼、郊外に立ち並ぶ一戸建て住宅群……。流動する生活を強引に凍結して記念し、周囲の環境を圧倒する二〇世紀型の『勝つ建築』は、いまやその強さゆえに人びとに疎まれている。建築はもっと弱く、もっと柔らかいものになれないだろうか。さまざまな外力を受け入れる『負ける建築』の途をさぐる」と書かれている。また隈は、「『強い』建築をたちあげる動機となった、それらすべての欲望から、いかにしたら自由になれるか。そんな気持ちをこめて『負ける建築』というタイトルをつけた。とすれば、逆にこれほどに楽観的で明るい本はない。突出し、勝ち誇る建築ではなく、地べたにはいつくばり、様々な外力を受け入れながら、しかも明るい建築というのがありえるのではないか」（隈 二〇〇四：v）ともいう。つまり、環境を圧倒する二〇世紀型の建築のあり方ではなく、もっとやわらかい受身的な建築のあり方を隈は問うているのである（五十嵐 二〇一一a：一六八）。

『小さな建築』（二〇一三年）で、隈はそのことをさらに自覚的に述べている。世界の都市計画のモデルになった都市は、「強く、合理的で、しかも大きな」建築からなる。二〇世紀中盤にかけてのニューヨーク、一九八〇年代いわゆるバブル経済期の東京、九〇年代以降の北京、上海、中東がそうである。隈はそれらをつくるのに嫌気がさした。大きな建築は「人間と世界の間に割って入って、人間と世界とを切断し、人間をそのシステムの中に閉じ込める」（隈 二〇一三：二三）とし、そうではなく人間と世界をしなやかにつなぎたいという。その接続をするのが「小さな建築」だと考えるのだが、それは「大きな建築」をただ縮小しただけのものであってはならない。単にサイズが小さいものではないのである。

隈は小さな建築の例としてアメリカの工業デザイナーであるチャールズ・イームズ（一九〇七―一九七八年）の自邸に注目し、「家を構成するすべてがかわいらしくて、親しみやすかった。それゆえに落ち着けるのである」という。隈は千利休が自身のためにつくった茶室である待庵も「小さな建築」の例としてあげる。「ギリギリまで身体にせまる小箱が、衣服のような軽やかさ、やわらかさで身体をくるむ」（隈 二〇一三：一八三）感覚と開放感があるという。それらの事例を検討しながら、「『小さな建築』が大きな世界と接続され、身体というちっぽけなものが、再び世界と結ばれる。『小さい』がゆえに世界と結ばれる」とする（隈 二〇一三：二〇二）。

藤本壮介は青森県立美術館コンペで二等になり、一躍脚光をあびた。藤本は建築が森と同じ原理によってつくられないかと考えるなかで、「弱い建築」という言葉を得た。彼は『建築が生まれるとき』（二〇一〇年）においてこう述べる。「弱さとは、確固とした部分が確固とした秩序のもとに組み立てられるということとは反対に、それだけでは成立しない部分同士がお互いに関係することで、何とかお互いを支え合い、その弱い連鎖によって、全体では揺らぎを持った秩序が成立している。そういうつくられ方であり、そのつくられ方を支える新しい秩序の可能性である。そして『弱さ』は、冒頭に書いたように、他者を受け入れるという意味で、環境時代の空間秩序でもあり得るのだ」（藤本 二〇一〇：八六）。隈とは世代は異なるが、通底した思想をもっている。

ここでアトリエ・ワンの塚本由晴（一九六五年―）の言葉を想起してもよいだろう。「小ささを素材として扱うならば、『小ささ』の欠点を解決するのではなく、『小ささ』にしかできないことは何かと考えるべきである。『小ささ』を覆い隠すのではなく、住宅が『小さい』とはいかなることか、そして建築が『小さい』ということはいかなることかを開示するのである」（塚本 二〇〇三：

八〇)。

塚本の小さい住宅の実践としては、ミニハウス、アニハウス、モカハウスなどがある。ミニハウスは二〇〇〇年に東京都練馬区につくられた、敷地面積七六・六三平方メートル、建築面積四〇・八〇平方メートル、延床面積九〇・三二平方メートルの住宅である。アニハウスは一九九八年に神奈川県茅ケ崎市につくられた、敷地面積一二二・三二平方メートル、建築面積四六・七四平方メートル、延床面積一二一・八五平方メートルの住宅である。モカハウスは二〇〇〇年に東京都中野区につくられた、敷地面積五一・八二平方メートル、建築面積二八・七六平方メートル、延床面積一二〇・二五平方メートルの住宅である。これらの建築物は個性的であり、見た目がカワイイ。が、それだけにとどまらない。

アトリエ・ワンはフリーライターの永江朗の自宅ガエハウスも設計しており、その過程は『狭くて小さいたのしい家』(二〇〇四年)という本になっている。ガエハウスは先に借地が決まっていて、敷地面積は五〇平方メートル弱、延床面積は七〇平方メートルがリミットだった(後にこの土地から変更になった)。家をつくる際に永江はアトリエ・ワンに考え方を伝えるメモを用意した。そこには「完成しない家。時間がたつに連れてどんどん美しくなっていく家に住みたい。経年変化を楽しみたい。新築時のピカピカがその家にとってのベストの状態なのではなく、空気を吸い、雨に打たれ、日に焼かれ、埃が溜まったり、それを掃除したりの繰り返しによって、だんだんと美しくなっていく家に住みたいと思います」（永江 アトリエ・ワン 二〇〇四：二五）と書かれていた。これは、小さくてカワイイだけではなく、そこに時間性をも組み込んでほしいというリクエストだといえよう。それにこたえたのがガエハウスとなる。ガエハウスの「小ささ」は、ただ小さいだけではない。そこに住む人と家とが共有する時間も内包しているのである。同様のことはミニハウス、アニハウス、モカハウスにもあてはまる。

アトリエ・ワン「ミニハウス」1998年
『JA』85号、新建築社、2012年春号、p. 18
（撮影 新建築社写真部）

このように、近年活躍している建築家たちは、これまでの、丹下健三の作品に代表されるような記念碑的な大きな建築や、安藤忠雄の作品に代表されるような闘う建築とは異なるものを目指している。隈や藤本らは弱さ、小ささについてだけ語っているのではなく、人と建築との関係、つまりは住む人と家とが共有する時間について語っているのである。

このように、建築という「おとこお

とな」な領域、重厚長大さが称揚されてきた領域においても変化が生じてきていることが理解できる。

これは「かわいくないもの」の変化である。かつてはかわいくないものがカワイイものへと変わってきているのである。

2 カワイイパラダイムデザイン

ここまでくわしい説明を後回しにしてきたが、ひらがなの「かわいい」とカタカナの「カワイイ」は意識して使い分けている。ここではカタカナの「カワイイ」について具体的に考えることで両者の違いを明らかにしていきたい。手がかりとするのは、「はじめに」でも述べた真壁智治・チームカワイイの『カワイイパラダイムデザイン研究』(二〇〇九年)である。真壁はアーバン・フロッタージュ(frottage:紙を岩・木など粗い面に当て、上から鉛筆・木炭などでこすって絵画的効果を得るもの)作家であり、長年、都市の感性をとらえる作品づくりをしてきた。その真壁が近年カワイイに注目し、建築やデザインを手がかりにしながら考察を行ったのが『カワイイパラダイムデザイン研究』である。以下、真壁の考察を参考にしながら、カワイイの意味について考えていこう。

前節で述べたような状況もあってか、真壁はデザインや建築のあり方が、二〇〇〇年頃を境に、急速に変わり始めてきたという。荘重感よりは軽快感、強さよりもか弱さ、しかつめらしさよりは親しさ、厳格さよりはゆるさ、緊張感よりはおだやかさ、規則感よりは余白感、といったふうに、気持ちよさや優しさのような、やわらかで、瑞々しく、温かみのある感性が、デザインを通してより強く体現されるようになってきたといっている。そのようなデザインを真壁はカワイイデザインという。その際、真壁はカタカナ表記にこだわる。なぜなら、「かわいいを、単なる風俗・現象としての観察や美学的考察のレベルから、かわいいの効用・効果をプラグマチックに追求していくデザインの可能性の研究方法、つまりデザインの方法のコード探究を一層明確にするため」（真壁二〇〇九：一二）である。

真壁はカワイイの効果を強調する。カワイイには心に感じられる感覚、感情、心理の問題があり、それはとくに、「気持イイ」、「ヤサシクナレル」、「癒サレル」といった気分のことだという。私たちはカワイイを通して、自分が優しくなれたり、もっと自分をカワイクしようと思ったりするともいう。そう考えると、カワイイは自己に与える心の浄化作用のようなものかもしれない。そのことを真壁は「カワイイで自分が一瞬元気になれるのは、カワイイモノを通して、一瞬、自分の心をのぞくことになるからなのかもしれない」（真壁二〇〇九：二七）と説明する。この「カワイイを通して優しくなれたり、癒されたり、元気が出てきたり、自信が湧いてきたり、自分らしさをアピールできたり、と自分自身が精神的にも心理的にも楽に、緩くなる働き」のことを彼は「カワイイ自分効果」と呼んでいる（真壁 二〇〇九：二二三）。

そして同時に、「『カワイイ』は共振していく」のだともいう（真壁 二〇〇九：二一九）。真壁が「カワイイ共振」と呼ぶそれは、多世代間の感覚共有によるコミュニケーションである。この「カワイイを通して他者と共感し合ったり、親しみを感じたり、関心を示し合ったり、と他者と感覚共有によるつながりを生みだす働き」を、真壁は「カワイイ他者効果」と呼んでいる（真壁 二〇〇九：二二三）。

このように、カワイイデザインとは、自己と対面したり出会ったりという内に向かう誘導――自分を見つめたり、律したり、癒したりするもの――と、他者とつながっていくという外に向かう誘導――他者と出会ったり、確認しあったり、元気を出しあったりするもの――をあわせもつデザインのことである。そのようなコミュニケーションとしてのデザインを「カワイイデザイン」と呼ぶことができるだろう。

ここでもう一度、かわいいとカワイイをごく簡単に整理してみる。かわいいはおんな（少女）子どもに親和的な感性であり、未成熟を基調としている。また、かわいいという言葉は誰に向けても、なにに対しても発することができる。一方、カワイイは、上記を除いたハイブロウなデザインがもたらすものである。五十嵐太郎は武庫川女子大学生活美学研究所での講演（二〇一一年三月四日）において、カワイイを「スマート感、小ぶり感、その上でのキャラ感」と要約していった。いずれにせよ、カワイイはある種の洗練や成熟からもたらされる感性ということができるだろう。その意味では江戸時代まで存在していた感性に近いといえるかもしれない。大正時代から――戦中や戦後すぐは除いて――続いてきた、未成熟からもたらされるかわいいとは異なり、洗練や成熟に基づいた「スマート感、小ぶり感、その上でのキャラ感」こそがカワイイである。

ここで少し「スマート感、小ぶり感、その上でのキャラ感」が意味するものについて考えておきたい。「スマート感、小ぶり感」は、デザインの観点からいうと、簡素で合理的なモダンデザインを指す言葉である。モダンデザインは整然とした秩序のある美しさを求めるが、どうかするとそのデザインは隙がなく、人を突き放しかねないところがある。しかしその上で「キャラ感」があったらどうだろう。ただし、キャラ感とは、この場合、若者の対人関係におけるキャラ――演じるもの／演じさせられるものであったり、与えられるものであったりするキャラ――ではなく、個性や存在感、もう少しくだけた表現なら、愛らしさ、茶目っ気、にこやかさ、を指す。真壁はこのようにして構成されるカワイイには「温かみのあるホワッとしたヌケ感」（真壁二〇〇九：四七）があるという。

そうすると、「スマート感、小ぶり感」と「キャラ感」をつなぐ「その上での」が重要になってくる。簡素で合理的な「スマート感、小ぶり感」と、愛らしさ、茶目っ気、にこやかさである「キャラ感」という、異なる二つの要素をつなぐものはなんだろうか。

それは「軽み」であるように思う。軽薄ではなく、軽快という意味での軽みである。軽みが共通するからこそ、「スマート感、小ぶり感、その上での、キャラ感」が成立しうるし、それによって構成されるカワイイが「温かみのあるホワッとしたヌケ感」をもつのではないだろうか。つまり、カワイイとは「軽みを基調とした親しみやすさ」ということができるかもしれない。それを感じる感性がカワイイ感性であり、それを喚起させるデザインがカワイイデザインであり、それらに基づくコミュニケーションがカワイイコミュニケーションなのではないだろうか。

第5章　カワイイ文化

第3章において、未成熟と関わるかわいいという感性やかわいい文化の一端を示した。では、第4章でみた成熟や洗練と関わるカワイイという感性に基づいた、カワイイ文化というものは存在するのだろうか。ここでは、カワイイ文化を考えるために、二つの例をとりあげる。二つとも、一般的には、カワイイと結びつくとはあまり考えられていないものである。

1　現代アート

ひとつめは現代アートである。これまで現代アートは「難解」や「前衛」の代名詞であった。コンセプト重視で、わからないことをよしとする風潮もあり、展覧会には人が来ないのが常であった。しかし、近年ではその様子が変わってきている。かわいいをモチーフにしたもの、またそれらを洗練させて現代アートにしたものがあらわれた。つまり、かわいいをカワイイ化し、現代アートにした作品が多くあるのである。そのような親しみを感じさせる作品には、見る人は自分を投影することができ、作品とコミュニケーションすることもできる。こうして現代アートの展覧会がにぎわうようになってきた。わが国の現代アート作家として突出して有名な村上隆（一九六二—）と奈良美智（一九五九—）はまさにそれにあてはまるだろう。

村上隆は東京芸術大学の日本画科における最初の博士号取得者であり、権威的といえばこれほど権威的な存在はない。つまり、かわいくないといえばこれほどかわいくない人もいないのである。しかし、現在はキャラクターを導入した作品やフィギュアふうの作品を制作し、世界の現代アート市場にのる数少ない日本人作家といわれている。村上のキャラクターとしてはカイカイキキやDOB君が有名であり、二〇〇八年五月にはフィギュア作品「My Lonesome Cowboy」がサザビーズのオークションで約一六億円で落札されたことでも知られている。奈良美智は下から上を見上げて睨むような二～三頭身の少女を描いた作品で知られており、その作品はきわめてキャラ的である。

村上隆や奈良美智より上の世代で、世界的な評価を得ている現代アート作家のひとりに草間彌生（一九二九—）がいる。草間彌生といえば、「水玉」や「網目」など同じモチーフを繰り返す作品で有名なアーティストである。二〇一二年一月に大阪で「草間彌生『永遠の永遠の永遠』」展が開催された。展覧会では、アイコンとしても有名な水玉模様のかぼちゃにくわえて、二〇〇〇年代に入ってからの作品である「愛はとこしえ」、「わが永遠の魂」も展示された。その展覧会の会場は女子たちでにぎわい、「カワイイ！」の声であふれていた。不思議でもありまた当然でもあるのだが、「前衛」の代表的な存在だった草間作品は、今では「カワイイ」の代表的存在なのである。

現代アートの質が変化してきたためか、また、受容のされ方も変化してきたためか、村上隆、奈良美智、草間彌生らだけでなく、会田誠、やなぎみわ、山口晃といったような現代アート作家の展覧会も人気である。今や、現代アート作品自体がカワイイといわれるようになっているのである。

ここにあげた作家は、現代アートコレクターの高橋龍太郎によってコレクションされる作家と一致するものが多い。とくに村上と奈良は高橋コレクションの中心的な存在である。高橋コレクションをもとにした「ネオテニー・ジャパン」（二〇〇九年）という展覧会は、幼形成熟（ネオテニー）という概念を使い、「日本の美術界は、ネオテニーとして、今はじめて語り始めた。ネオテニー・ジャパンとはその謂いである」とし、「私が一九九七年からコレクションを始めたとき、それはほとんど、都市の周縁にあるギャラリーで発表されたものだった。そしてそこにはネオテニー的感性と高度に成熟した表現力が共存する絶妙なバランスがあり、購入せずにはいられない魅力を持っていた」（『ｎｅｏｔｅｎｙ ｊａｐａｎ』：九）、「今私たちのまわりのアートは、私のつらさ、喜び、悲しみ、驚き、衝動、暴力に密接に結びついている。かつてのように見上げたアートではなく、地上に目を下ろし、自分たちを発見するものとしてそこにある。芸術の目線が下がってアートになっていると言ってもいいだろう。それもまた、アートのネオテニー化を世界が受け入れつつある証と言えるだろう」(『ｎｅｏｔｅｎｙ ｊａｐａｎ』：一〇)という。

高橋の言葉をもとに考えると、日本の現代アート作品は、ひとつの見方として、先に述べたように、表象として「かわいいのカワイイ化」されたものだといえるだろう。同時にそれは、前衛的で難解で権威的な――ツヨイといっていいだろう――現代アートからの転換を示してもいるだろう。高橋が「芸術の目線が下がってアートになっている」といっているように、「ツヨイのカワイイ化」が起きているといえるのではないだろうか。そして、このことは大きな意味をもっているように思われる。

「ツヨイのカワイイ化」が別のかたちで人びとの関心を集めるようになったのが、観光アートではないだろうか。観光アートとは、アートプロデューサーである山口裕美の造語であり、「アートを見ることを目的とした観光」と「アートを活用した観光、まちおこし」の両方を指す(山口二〇一〇：五)。観光といっても単なる旅行とは異なり、美術館などのアート施設に行く、アートイベントに参加するなど、目的をともなった旅である。

二〇〇〇年代に入って、美術館も大きく変わった。それまでの息苦しく権威的な存在からカワイイ存在になっているのである。第4章1節でみたカワイイ建築の特徴がもっともあらわれているのが美術館かもしれない。その象徴的存在が金沢二一世紀美術館である。他にも、十和田現代美術館や青森県立美術館などをあげることができるであろう。

金沢二一世紀美術館は、真壁の『カワイイパラダイムデザイン研究』のなかでもカワイイ建築の代表例として紹介されている。建築家の妹島和世と西沢立衛（一九六六年―）のユニットであるSANAAが設計し、開館一カ月前の二〇〇四年九月にヴェネチア・ビエンナーレにおいて展示部門の金獅子賞を受賞した、世界的に有名な建築である。形も広さも異なる展示室に、直径が一一三メートル、周囲三五〇メートルの総ガラス張りの円形の蓋がかぶさった、きわめて特徴的な造形をしている。常設の作品としてはレアンドロ・エルリッヒの「スイミング・プール」やジェームズ・タレルの「ブルー・プラネット・スカイ」などが有名である。

金沢二一世紀美術館がとくに注目されたのは、四方に入り口があってどこからでもアプローチできる構造になっていることである。従来の美術館がかもしだしていた敷居の高さを低くし、「市民の応接間」を目指した金沢二一世紀美術館はその役割を十二分にはたしている。くわえて美術館の建物自体が観光名所にもなり、開館からの一年間で一五七万人が訪れ、二年一カ月で三〇〇万人の入場者があった。その後も毎年約一〇〇万人の入場者があり、二〇一一年八月には累計一〇〇〇万人となった。無料の公園ゾーンもあり、入場者の約七割はその無料入館者ではあるが、それを考慮に入れても金沢二一世紀美術館の入場者数は地方都市の公立美術館としてはそれまで考えられなかったものである。

二〇〇八年に開館した十和田現代美術館は西沢立衛が設計した。それは金沢二一世紀美術館のアイデアをさらに発展させたものということができるだろう。展示室は小さな建物に分かれ、その全体を囲むものや覆うものはない、集落のような美術館である。美術館が位置する大通り自体を美術館に見立ててもいる。展示室の内外、すなわち美術館の内外にサイトスペシフィックな作品を展示しているのも特徴である。十和田現代美術館を紹介する記事には「少し遠くから見る美術館の姿は、箱が積み木のように重なり、空に溶け込むような軽やかさを感じさせる」(『Ｃａｓａ ＢＲＵＴＵＳ』二〇一一：一七)とあり、またその記事には西沢の「建築は開放的かつ透明で、アート作品と人々の活動が全体に現れているのがよく見える。アートと建築と都市が同時に立ち現われているのがよく見える」という言葉も紹介されている(『Ｃａｓａ ＢＲＵＴＵＳ』二〇一一：一七)。

これらの美術館は、それまでの権威的な殿堂としての美術館とは異なり、建物自体がスマートであり、小ぶり感――実際の大きさとは異なる、感覚としての小ぶり感――があり、その上でのキャラ感もあってカワイイ建築となっている。展示作品も建物に呼応するかのようにカワイク感じられる。

金沢二一世紀美術館と十和田現代美術館の両方の設計を行った西沢立衛は、『美術館をめぐる対話』(二〇一〇年)において美術館関係者と対談し、最近の美術館の変化について語っている。

金沢二一世紀美術館を設計する際にアドバイスを受けた、青森県立美術館をはじめ美術館の設計を手がけることの多い青木淳との対談で、西沢は金沢二一世紀美術館の特徴は敷居の低さと開放性であるといっている。そのことを青木は「原っぱ」と表現し、自身も美術館の設計において、美術の権威づけという象徴的役割から身をかわしたいと常に思っていると語る。

十和田市現代美術館運営委員で森美術館館長でもある南條史生との対談では、十和田市のような小規模な町がつくる美術館は周囲の建物と大差のないスケールで街に溶け込むように建っていることが望ましく、控えめに存在することが景観にあうことになる、という南條の発言を受けて、西沢は十和田市現代美術館は、開放感があり、透明な感じになった、と振り返る。また、その対談のなかで、南條は世界各国の国際展でコミッショナーやディレクターを務めた経験をふまえて、日本の美術館のなかで国際的に注目を集めているのは、金沢二一世紀美術館や十和田市現代美術館のような、小さくて特徴がある美術館だといっている。

金沢二一世紀美術館の共同設計者でもある妹島和世との対談では、西沢は自分たちがつくる建物の軽やかな調子はヨーロッパ人にはつくれないかもしれないという。その理由を「僕らの建築がもっている、あっけらかんとした開放感、もしくは空間的な透明感というものは、どこかで日本の昔のお寺とか民家とかが持っているもの、例えば縁側とか、障子とか、もしくは伽藍配置とか、そういうものと連続していると思います。ヨーロッパの人間からすると、彼らの歴史のなかではほとんど知らなかった透明感なのかもしれません」（西沢 二〇一〇：二〇〇）と述べ、ヨーロッパ人がつくると、部屋ひとつ、インテリアひとつにしてもかなり「ヘビー」になるといっている。

ここにあげた建築家たちの言葉はどれも、美術館とそれを取り巻く街との関係、空間との関係を強く意識したものであることがわかる。また、ここでとりあげた美術館はどれも現代アート作品をあつかう美術館である。それまで難解と思われていた現代美術は、これらの美術館の開館と前後して二〇〇〇年ごろから現代アートと呼ばれるようになり、その意味もカワイイものへと変わってきた。

現代アートがカワイクなったのと軌を一にするように、地域全体を展示会場とするようなビエンナーレやトリエンナーレが日本各地で盛んに行われるようになってきた。それは、アートと街との関係や空間との関係をさらに強く意識したものになっている。

その代表的な存在である「大地の芸術祭・越後妻有アートトリエンナーレ」は「アーティストは地域住民と協働しながら場所に根ざした作品を制作し、継続的に地域の展望を拓く活動に関わることを目指します」（越後妻有大地の芸術祭実行委員会 二〇〇一：九）という基本理念のもと、北川フラムを総合ディレクターにして二〇〇〇年から始まった。会場は六市町村にわたり、その広大な地域に作品が点在した。二〇〇三年、二〇〇六年、二〇〇九年、二〇一二年とこれまで四回開催されているが、回を重ねるごとに、都市型ではない、地域と密着した芸術祭として定着してきている。

二〇一二年の芸術祭には四四の国と地域から約三二〇組のアーティストが参加し、アート作品は約三六〇点となった。

大地の芸術祭は里山とアートを結びつけ、現代アートのある種の代名詞である都市やホワイトキューブなどから離れた展示を行った。それは現代アートにつきもののように思われていた緊張感や難解さからの解放でもあった。里山や棚田のなかで見る現代アートには自然のなかで小動物を見るようなカワイサがある。二〇〇三年の大地の芸術祭にあわせて手塚貴晴と手塚由比によって設計された十日町市立里山科学館「森の学校」キョロロは、深い森のなかにいる小さな蛇のようでもあり、カワイイと評判を呼んだ。

「ヨコハマトリエンナーレ」は二〇〇一年から、二〇〇五年、二〇〇八年、二〇一一年、二〇一四年と開催されている都市型芸術祭の代表格である（第二回は二〇〇四年に行われるはずだったが、直前で延期になり、二〇〇五年に開催された）。二〇一一年の第四回からは横浜美術館を主会場に定め、その他の会場として二〇一一年は日本郵船海岸通倉庫、二〇一四年は新港ピア（新港ふ頭展示施設）を設定して開催した。二〇一四年はアーティスティックディレクターにセルフポートレイトの手法を使った作品づくりで有名な美術家の森村泰昌を指名したことでも話題になったが、そのように挑戦を続けながら開催を重ねている。

「水都大阪二〇〇九」は、二〇〇九年に大阪の中心地である中之島を会場に開催された。中之島の横を流れる堂島川に巨大アヒル（ラバーダック）が浮かび、中之島の中央に位置する大阪市役所

フロレンティン・ホフマン
「ラバーダック」2007年
（水都大阪2011にて著者撮影）

のエントランスホールにヤノベケンジが製作した高さ七メートルのロボットであるジャイアントトラやんが立った。「水都大阪二〇〇九」は、もともと大がかりなイベントとして企画されたものではなかったが、最終的には一〇〇万人もの人を集めた。そのこともあってか二〇一一年、二〇一三年には、「水都大阪二〇一一」、「水都大阪二〇一三」という継続イベントも行われ、堂島川に巨大アヒルが再来した。

「神戸ビエンナーレ」は二〇〇九年から始まった催しである。第一回は、メリケンパークに設置したコンテナを作品の展示室とした。つまりそのコンテナがホワイトキューブの代わりという、港町神戸らしいアイデアである。兵庫県立美術館からメリケンパークへ船で移動もでき、その船上でパフォーマンスも楽しめるようになっていた。二〇一一年、二〇一三年は初回ほど大々的なものではなかったものの、試行錯誤を繰り返しながらそのかたちを模索していっているといったところだろうか。

「神戸ビエンナーレ」とほぼ同じ時期から、「六甲ミーツアート」という神戸の六甲山でのアートイベントも毎年開催されている。屋内展示だけでなく、六甲山の自然のなかにも多くのアート作品が展示されるユニークなイベントとして話題となり、今ではすっかり秋のイベントとして定着している。

都市型のひとつである「あいちトリエンナーレ」は二〇一〇年から開催され、広場や公園、古くからある繊維問屋街も会場にした。二〇一〇年の第一回は「都市の祝祭」をテーマとして、「都市にとってアートとは何か、アートにとって都市とは何か」を考えると同時に、「アートのもたらす祝祭性の意味について再度捉えなおしたい」と建畠哲芸術監督は述べている。美術だけでなく演劇やダンスなどのパフォーミングアーツもあつかったことが特徴といえるだろう。環境に配慮した乗り物として、会場と会場の移動にはべろタクシーも用意されていた。他にも草間彌生作品の特徴である水玉でコーティングされたプリウスも用意されていた。約五七万人の入場者があり、成功裏におわった。

第二回は二〇一三年に建築評論家の五十嵐太郎を芸術監督に迎え、「揺れる大地——われわれはどこに立っているのか：場所、記憶、そして復活」をテーマとし、国内外から一二二組のアーティストを迎え、岡崎市も会場にくわえて開催された。プロデュースオペラも上演されたのだが、オペラもある芸術祭は世界の芸術祭のなかで「あいちトリエンナーレ」だけである。芸術監督が五十嵐太郎であることから、建築家も多く参加した。彼らの企画による美術館を使っての実験的な表現や、街中の建物自体を鑑賞対象とする試みもあり、街自体をミュージアムのように楽しめる工夫が随所にほどこされていた。入場者数は約六二万人と盛況であり、二回目にしてはや都市型の芸術祭として定着したようである。

このように、国内ではビエンナーレやトリエンナーレが定着し、ほぼ毎年、どこかで行われているという状態である。それにくわえ、毎年開催の芸術祭や単発の芸術祭も数多く行われている。これらに共通する特徴はなんだろうか。地域全体・街全体を展示会場にするとスケールが大きくなるように思われるが、必ずしもそうではない。むしろ逆に、作品は生活空間や自然空間を背景とすることで、相対的に小ぶり感が出る。日常空間に突如あらわれるアート作品は独特の存在感を放ちつつも、広い空間に包まれてゆったりとした温かさをかもしだす。つまり、カワイイと感じられるようになるのである。水都大阪の「巨大アヒル」などはかなり大きなものであるのにもかかわらずカワイク感じるのは、典型的な例だろう。

スケールの大きさでは、二〇一〇年に瀬戸内海の直島を中心にして行われた「瀬戸内国際芸術祭」が最たるものだろう。直島は、瀬戸内海に浮かぶ人口約三五〇〇人の島である。その島が「現代アートの島」と呼ばれるようになったのは、一九八九年に安藤忠雄の監修により直島国際キャンプ場がオープンしたことがきっかけである。一九九二年にはベネッセハウスがオープンし、「直島コンテンポラリーアートミュージアム」という名称でアート活動がスタートした。一九九六年にサイトスペシフィック・アート（Site-specific Art：特定の場所に存在するために製作されたアート作品）の製作が始まり、一九九七年にはサイトスペシフィック・アートの発展形として「家プロジェクト」が開始された。「家プロジェクト」とは、古民家を使用し、アーティストと建築家が協力して家空間そのものを作品化する試みである。二〇〇一年には、直島コンテンポラリーアートミュージアム一〇周年企画として、島全体を使った企画展が行われた。二〇〇四年に安藤忠雄設計の「地中美術館」が開館した。そこにはクロード・モネ、ウォルター・デ・マリア、ジェームズ・タレルの三作家の作品しか展示されておらず、広々とした空間とアートの調和を楽しむことができる。二〇〇四年からベネッセの直島でのアート活動の総称が「ベネッセアートサイト直島」と変更された。これらのことから、直島は現代アートの島と呼ばれるようになり、アメリカの旅行雑誌に「生涯に一度は訪れたい場所」として紹介されたほどである。

その直島を中心に、男木島、女木島、大島、豊島、小豆島、犬島、高松港周辺を会場として、「海の復権」と「島の元気」をテーマとして二〇一〇年七月一九日から一〇月三一日まで行われたのが「瀬戸内国際芸術祭」である。島々をめぐるというその方法は、全体を囲うもの、覆うものがないなかで個々の展示室をまわるという十和田現代美術館の鑑賞方法と似ているかもしれない。一八の国と地域から七五組のアーティストが参加し、多くのプロジェクトが行われ、期間中の来訪

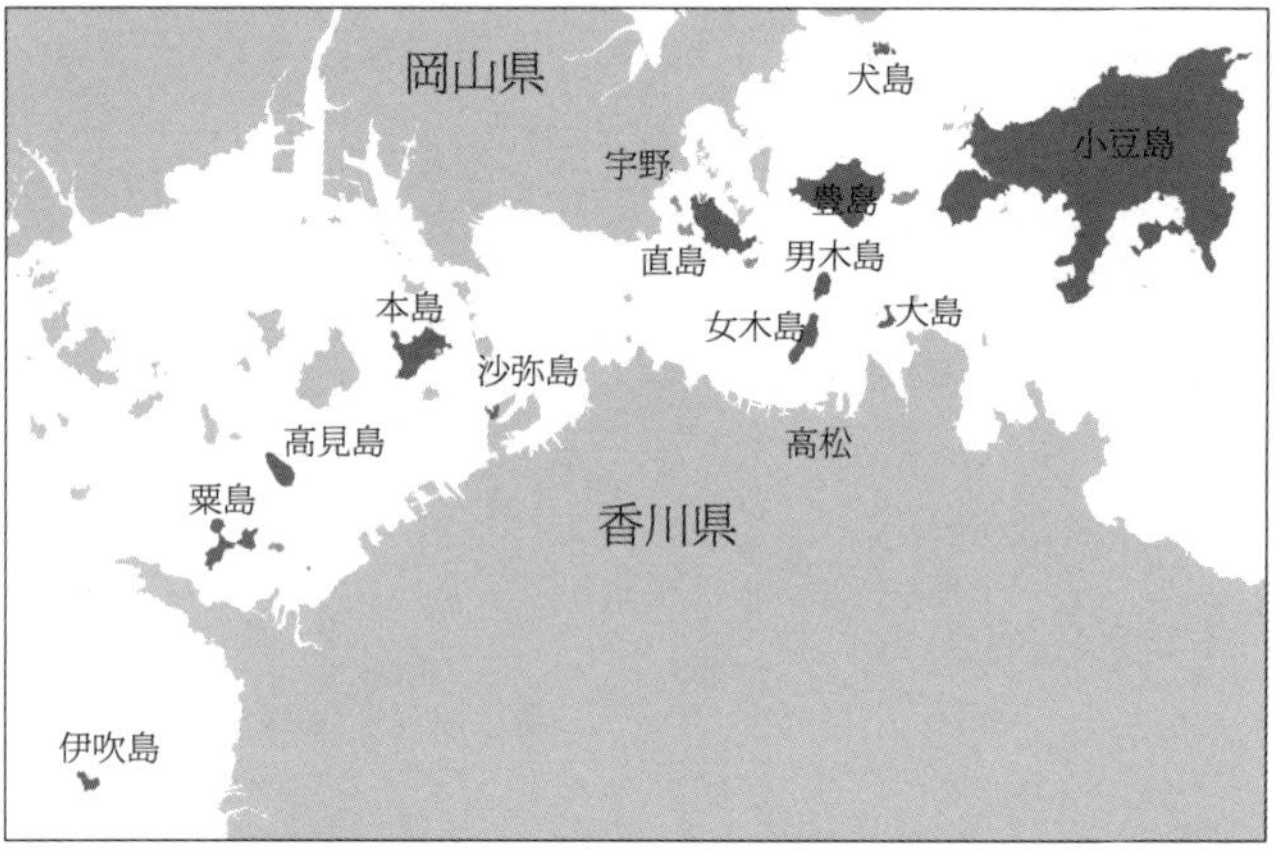

瀬戸内国際芸術祭2013「アートと島を巡る瀬戸内海の四季」会場マップ
（提供 瀬戸内国際芸術祭実行委員会）

者は約九三万人であった。

直島はこれまでも「地中美術館」、「家プロジェクト」、「ベネッセハウス」で有名だったし、犬島も近代化産業遺産をアートスポットとして再生した「製錬所」で注目を集めていたが、その他の島はアートとは無縁の島だった。「瀬戸内国際芸術祭」を機に、各島に住民とつながった施設やアート作品が数多く製作・展示された。

犬島における桃源郷をテーマとした妹島和世設計の家プロジェクト、豊島の棚田の脇にある西沢立衛設計の水滴のような形をした豊島美術館、それらはともにまわりの環境と一体化している。直島にも安藤建築の李禹煥《リウーファン》美術館があたらしくつくられた。それは海と山に囲まれた谷間にひっそりとたたずむ。直島では安藤建築でさえカワイク感じられるから不思議である。作品の大小に関係なく、その作品の周囲も含めてカワイク感じられるのだ。

「瀬戸内国際芸術祭」が好評だったため、三年に一度開催されるトリエンナーレ化がされ、二〇一三年に「瀬戸内国際芸術祭二〇一三」として二回目が開催された。二〇一〇年に会場となった東の七島にくわえ、沙弥島、本島、高見島、粟島、伊吹島という西の五島も会場となった。会期も春期（三月二〇日～四月二一日）、夏期（七月二〇日～九月一日）、秋期（一〇月五日～一一月四日）と三期とし、より長い期間の開催とした。作品についても、一回目はアーティストの作品展示のみだったのだが、二回目は島のお年寄りがアーティストの指導を受け、積極的に作品づくりもした。前回よりも規模が拡大したためか、来場者は約一〇七万人となった。

「瀬戸内国際芸術祭」では、瀬戸内海を会場にしたということにまず驚かされる。参加者は、美しい島々をゆったりめぐってアート鑑賞をする。若者だけでなく中高年や子どもも多く参加し体験したことが大きな特徴といえるだろう。

このように「瀬戸内国際芸術祭」は、日本の芸術祭ではエポックメーキングなものになった。直島にとどまらず、瀬戸内の島々というさらに広い自然空間を会場にした「瀬戸内国際芸術祭」では、美術館そして屋内・野外にあるアート作品が、瀬戸内海の風景を背景として、「スマート感、小ぶり感、その上でのキャラ感」をもって、カワイク存在していた。アート好き女子だけでなく、おじさんおばさん、おじいさんおばあさんも島々を訪れ、現代アート作品にふれ、「カワイイ！」

という声をあげた。自然のなかで見る現代アートはいっそうカワイクなるのだろう。そして、島そのものが究極の作品のようにも見えてくる。瀬戸内海に浮かぶ島自体がカワイイのである。つまり、作品を取り巻く環境までもがカワイク感じられるのである。

2 落語

まったく違った面からカワイイ文化の二つめの例をあげる。意外だと思われるだろうが、二〇〇〇年代に入ってからの落語はカワイイ。この場合のカワイイは、落語の噺（ネタ）ではなく落語というジャンルを指している。落語という芸能ジャンルは、年齢の高い男性が好むというイメージが強く、カワイイとは無縁だと思われるかもしれない。たしかにひとむかし前はそうだった。しかし、二〇〇〇年代中盤から様相が変わってきたのである。

二〇〇五年、落語を下敷きにした宮藤官九郎脚本のテレビドラマ『タイガー&ドラゴン』が人気を得、テレビなどで知名度のあった林家こぶ平の林家正蔵襲名興行が行われた。その頃から二〇〇七年にNHKの朝の連続テレビ小説『ちりとてちん』が放映された頃にかけて、落語ブームが起こった。今はブームというほどではなくなったが、寄席やホール落語会には以前より多くの人が集まるようになり、落語の人気は定着しているといっていいだろう。

そうなる前の落語界はどうだったかというと、「二十一世紀の落語界を、なんとかしたいと本気で思うのなら、すべての層を狙うくらいの心構えが必要です。現在の落語界を見ていると、〈自分に欠けているものを正当化するための言い争い〉が、あまりにも目立ちます。さほどウケない人は、あんなことまでしてウケたくないと言い、自分が下手だと思っている人は、くやしかったら笑わせてみろと挑戦するわけです。そんなことを言っている場合でしょうか。どっちにしたって世間からは相手にされていないのですから」と春風亭小朝がその著書『苦悩する落語』で書いたように（春風亭 二〇〇〇：一二〇―一二一）、先が案じられる状態だった。実際、一九九〇年代は、個性や存在感を欠き、自分の言葉ではなさず、伝統を守るという言い訳のもと、その実は先人のものまねに終始する落語家が多く、落語の人気は低迷していた。しかし、ちょうどその頃、立川志の輔を筆頭に、立川志らく、春風亭昇太らによって、自分の言葉ではなす落語への転換が試みられていた。自分の言葉ではなす落語とは同時代の観客に対して語りかける落語のことである。それは、春風亭小朝の言葉でいえば、「観客の心を揺らす」落語であるだろう（春風亭 二〇〇〇：一二二）。

そういう状況のなか、二〇〇一年に伝統――もちろん、この場合の伝統は「ただ守られる」ものをいうのではない――を象徴する存在であり、二一世紀の落語界をけん引する役割をはたすはずであった古今亭志ん朝が六三歳の若さで亡くなった。これは落語界においてとても大きな出来事であり、一気に危機感が強まった。

志ん朝の死と関係するのだろうか、二〇〇三年に春風亭小朝によって「六人の会」が結成された。小朝、林家こぶ平（二〇〇五年から正蔵）、柳家花緑、立川志の輔、笑福亭鶴瓶、春風亭昇太という当代きっての人気者六人が集まった。このメンバーにより「東西落語研鑽会」という落語会が同年から開催され、また翌年から「六人の会」を中心にして「大銀座落語会」が行われるようになった。数日間にわたり銀座のいくつもの劇場・会館・ホールを会場にして落語会を行い、銀座を落語一色にするというその催しは、同時代の観客に対して落語の面白さを伝えようとする目に見えるかたちでの努力だった。その成果は大きく、毎年恒例の人気の催しになり、落語ブームの土台をつくったといえるだろう。また、ここで注目しておきたいのは、銀座という場所である。寄席のある上野や浅草ではなく、また演劇や芸能の街ともいわれる下北沢などでもなく、いわゆる老舗が軒を連ねる繁華街、つまり伝統や権威が幅をきかせる場所ともいえる銀座で、落語界における伝統や権威をこえようとする小朝たちが企画した落語会が数多く開かれたことに大きな意味があるように思う。

同じ二〇〇三年には春風亭昇太を中心に林家彦いち、三遊亭白鳥、柳家喬太郎という落語家にくわえ、講談師の神田山陽も参加して、「ＳＷＡ」（創作話芸協会）が結成された。それは、「職種、所属団体、芸歴に関係なくメンバーの協議の中から物語を作り、それを皆で演じることにより、作品の笑いの傾向の偏りを減らし、創作作品の弱点である『練りあげる』という作業を、より早く、効率的に行い、それぞれが過去に作った作品に、新しい発想を加え作品をリニューアルしていこうという試み」（『落語ファン倶楽部』一号：八四）である。

マスコミでも名前が知られている落語家で結成された「六人の会」に春風亭昇太が参加していたことから、結成当時の「ＳＷＡ」の落語会に来るのは昇太ファンの女性が多かった。春風亭昇太には「芸としてカワイイ」と感じられるものがある。昇太は、飼い主の思いとはまったく違うペットの気持ちを語る「愛犬チャッピー」や夫のストレスを気にする妻がとった行動が思わぬ悲喜劇的な結幕をまねく「ストレスの海」といった自作の落語を演じるなど、新作落語家の代表的存在であるが、昇太ふうにアレンジした古典落語も聞かせる。親しみやすく軽快な噺をする春風亭昇太は、落語カワイイを体現している代表的な落語家であるといえるだろう。

その昇太のファンがＳＷＡを通じて柳家喬太郎、林家彦いち、三遊亭白鳥の存在を知り、彼らの落語会にも足を運ぶようになったことから、彼らの人気も一気に高まっていった。

春風亭昇太は先に述べたように「ＳＷＡ」のリーダーであり、後で述べる二〇〇〇年代真打よりひとつ上の世代である。二〇〇六年から「笑点」メンバーにもなり一般的な知名度も高くなった。

林家彦いちは大学時代は極真空手部に所属していたこともあり、落語会の武闘派ともいわれ、高座の座布団を相手に投げ技をしたり受身をしたりする。容姿も含め、その経歴も決してかわいいともカワイイともいえない。しかし、彼ほど自分の体験をおもしろく語る落語家はいない。「現場に行き、筋肉で体感し、「言語化する」といわれる彦いちは、国内外を旅し、そこで出会った人を題材にした落語を創作する。

三遊亭白鳥は、テクニックという点では、それほどうまいとはいえない落語家である。入門後も上下《かみしも》を知らなかったという逸話があるくらいだが、白鳥の噺の世界を伝える力はとびぬけて高い。テクニックではなく、伝えることにたけている。ユーモアSF小説に近い奇想天外な噺の世界観に、知らず知らずのうちに引き込まれる。そしてまた白鳥の落語を聞きたいと思わせる。そういう意味では、とてもうまい落語家である。柳家喬太郎については後でくわしく述べる。

「SWA」の柳家喬太郎、林家彦いち、三遊亭白鳥をはじめ東京の落語界で二〇〇〇年代真打ともいわれる柳家三三、桃月庵白酒、古今亭菊之丞、入船亭扇辰などの、現在の中堅若手は多士済々である。彼らは、自分の言葉で表現するオリジナリティのある、そしてキャラ感のある落語家である。

柳家三三は現代の名人といわれる柳家小三治の弟子であり、古典落語の本格派といわれている。「柳家三三で北村薫『円紫さんと私』」と題して、落語家が登場する作家の北村薫による小説をひとり芝居で演じ、その後でその登場人物のひとりであるという設定で落語を一席はなすという独演会を行ったり、二〇一三年には「三三五五四七〜柳家三三GO！　GO！　四七都道府県」と題して、四七日間で四七都道府県をまわって独演会を行ってのけたりと、今、もっとも注目されている落語家のひとりである。

桃月庵白酒は毒気を含みつつもその噺は端正で、メリハリがきいている。おなじみの噺を新鮮な爆笑落語に変えてしまう。古今亭菊之丞は歌舞伎役者ふうの面長で目が細い容姿をしており、口調がいい。菊之丞のもつ「艶《つや》」は、他の落語家には出せないものである。入船亭扇辰はおだやかなはなしぶりで、聞いていて安心感がある。その噺は古風ではあるが、決して古くさくはない。

このように、それぞれに個性や存在感が際立っているのである。白酒、菊之丞、扇辰らはいわゆる古典派だが、古典をただ上手になぞるだけではなく、そこにすぐれた工夫がある。名人上手のものまねではなく、演ずる落語家本人のキャラ感が引き立つ噺をするのである。そういう落語家が演じると、噺のおもしろさが引き出され、何度も聞いた噺が新鮮に聞こえてくる。これぞまさに演者の個性を楽しむ落語の醍醐味であろう。

さて、先にくわしくふれなかった柳家喬太郎だが、これまでにあげた落語家のなかで今一番人気がある落語家かもしれない。二〇〇九年の文芸春秋社のアンケート「今おもしろい落語家ベスト50」では一位となった。寄席であってもホール落語であっても、また学校寄席であっても、その場に応じた高座をつとめる。SWAの一員であるため新作派と思われがちだが、古典落語もよく演じる。喬太郎の落語は自在である。「頓狂な新作を創作したり、奇を衒った古典のやり方をしたり」（『週刊文春』二〇一一年一月二七日号）と本人もいうように、その芸は優等生的ではなく、落語用語でいうところのふら（天性の不思議なおかしさ）も入っているが決して品が悪くなることはなく、ほどがいい。どことなく愛嬌が感じられる。それが幅広い層に支持されている人気の秘密かもしれない。

こうした個性派落語家の活躍をみてくると、二〇〇〇年代に入って落語という芸能ジャンルがカワイクなってきたように思える。落語は「『江戸っ子の了見』『江戸の風』『江戸の粋』といったものを背景とした芸」（広瀬 二〇一一：一〇二）といわれている。この「江戸っ子」や「粋」はまさにスマート感といいかえられるだろう。落語は、使う道具といえば扇子くらいであり、それも常に使うわけではない。それになんといっても、ひとりで行う芸である。芸としては究極の小ぶり感がある。寄席は一〇〇〜二〇〇人が定員であり、そのキャパシティに適した芸という意味でも小ぶりである。このようにみれば、落語はそもそもの始まりからスマート感、小ぶり感を備えた芸であった。

二〇〇〇年代に入ってから、先にあげた落語家のような、個性あふれるキャラ感を備えた落語家たちが次々とあらわれる。彼らは、名人上手のまねをしていたそれまでの落語家とは違って、自分の言葉で語り、自分で噺に工夫をくわえるようになった。このように、「スマート感、小ぶり感、その上でのキャラ感」がそろった二〇〇〇年代に入ってからの落語はカワイイといえるだろう。

現代アートや落語は、それまで、ともすれば、権威的なもの（重い）、伝統的なもの（古い）、高尚なもの（固い）と考えられてきた。そもそもは庶民のものだったはずが、いつの頃からか敷居が高くなり、一般の人には「難しいだろう」、「どうせわからないだろう」、「特別な人が楽しむものだろう」と思われるようになってしまった。しかし、ここまでみてきたように、現代アートも落語も二〇〇〇年あたりからカワイクなった。そして、カワイイものになったことで活況を呈したのである。この権威的・伝統的と思われていたもののカワイイ化をいち早くとらえたのが女子だったのはおもしろい。また、どういうかたちであっても、女子はかわいいだけでなくカワイイにも敏感であることも興味深い。

第6章　カワイイクルマ

1　クルマと社会

二〇〇〇年代以降にあらわれてきたカワイイデザインやカワイイ感性に基づいた文化について、前章では考えてきた。本章では、その延長線上で、カワイイ移動体、とくにカワイイクルマについて考えていく。

私たちが社会のデザイン——とくに街の風景のデザイン——に関わることができるのは「もの」を通してかもしれない。そう考えるならば、いささか唐突に感じられるかもしれないが、クルマは現代アートや落語よりももっと直接的にカワイイの力を社会に与える可能性をもっていると考えられる。クルマは個人が購入するもののうちかなり高価なもののひとつであり、そのこともあってか製造する側も購入する側もデザインを気にかける。
日本国内には約七五〇〇万台のクルマがあり、一年間に販売された台数は二〇一一年は四二一〇万台（うち乗用車が三五〇万台）であった。私たちが街を歩くと、クルマが道路を走っている光景や、家のガレージなどにクルマがとめられている光景を当たり前のように目にする。クルマが視線に入らない風景というのはないくらいである。その数からいって、クルマが街や社会に影響を与えないわけがない。そのようなクルマがカワイイものになったなら、その影響は想像をこえるものになるだろう。

私たちの生活のまわりには、デザインがあふれている。なにかを買うときは、多くの場合、デザインを気にかける。デザインのいい文具はもっていて楽しい。表紙デザインがいい本はつい買ってしまう。誰かにお菓子を贈るときは、味だけでなくパッケージのデザインにもこだわる。そのように、日用品や雑貨などのデザインは私たちの気持ちに直接的に関わってくる。一方、街の風景のデザインとなると、当然のことながら、それは文具や本やお菓子とは比べものにならないくらい社会的なものである。駅や美術館などの公共施設も社会のデザインに関わってはくるが、その設計や施工に関われるのは限られた一部の人たちである。それに公共建築の数は多くはない。より多くの人が街の風景のデザインに関われるものはなにか、そして数が多いものはなにかと考えたなら、そのひとつはクルマとなるだろう。クルマは個人のものではあるが街の風景に直結しており、街の風景のある部分をつくっているといってもいい。先に述べたように、道路を走る姿、店舗の駐車場に並んでいる姿、家のガレージにとまっている姿などを思いうかべると、そのことがよくわかる。クルマはそれぞれの人が関わることが可能な、街の風景の構成物だと考えられるのである。またクルマは、近未来の社会を考えるという点においても有効なものだと思われる。

自動車産業は日本の主要産業である。そしてクルマは、右で述べたように、とくに都市においては、街の風景のかなりの部分をしめている。それだけではない。クルマ移動を基準にして道路や橋などのインフラがつくられていく。そういう意味では、クルマは個人単位のものや家族単位のものでありながら、きわめて社会的なものでもあるといえるだろう。そういった存在は他にはあまり見あたらない。

クルマはこれまで、ものとしても産業としても、重厚長大なもののひとつとしてあつかわれてきた。クルマは速さを基本としてきた。デザインも速さを想像させるカッコヨサが重要視されてきた。

第1章の冒頭でも述べたように、「クルマが売れない」、「若者はクルマに興味をもってくれない」という話をよく聞く。現代の人びとの趣味や嗜好の変化、ライフスタイルの変化にその原因を求めることが多いようだが、他に原因は考えられないのだろうか。もっというと、クルマが今の時代の感性にあっていないから、とは考えられないだろうか。クルマがもし今の時代の感性にあったもの、つまりカワイイものになれば、またそういうクルマがつくるクルマ文化がカワイイものになれば、クルマは大量生産・大量消費にもとづく消費財とは異なる存在になるのではないだろうか。その結果として、社会にもなんらかの変化が起こるかもしれない。クルマがカワイイものとなったら、私たちのこれまでの生活を変えるくらいの変化が起こるのではないだろうか。それほど、クルマは社会に対して影響力があると考えられる。

流行をこえて、文化を語れる「もの」には、衣服（ファッション）や食べもの（料理）があるが、クルマもそれができるものなのである。実際、これまでのクルマをめぐる文化論には興味深いものがある。

生活文化学者の高田公理による『自動車と人間の百年史』（一九八七年）は、明治から昭和までの、街の姿を変え、産業構造を変え、人の五感をも変えた「自動車」について述べ、さらに都市と地方における生活史を描いている。「自動車生活学」という視点から、自動車が与えた、生活、風景、都市構造への影響を都市文化論的に記述している。自動車がドラマを演じる舞台として都市と地方に着目しているのが興味深い。「ゆっくりと、しかもゆったりと走る自動車」をいち早く提案している点もこの本の特徴のひとつである。

メディア学者の上野俊哉による『思考するヴィークル』（一九九二年）は、表紙に「クルマ＝ヴィークルで哲学せよ！」と書かれてあるように、クルマを「自らの実存のモデルにできるのではないか」という考えから論述を行っている。自動車哲学を語り、クルマを運転する視点からのヴィークル・フィールドワークを実践し、クルマと共生するヴィークル・ライフを説く上野は、遊歩ならぬクルマで〝遊走〟する都市論を展開している。

経済学者の堺憲一による『だんぜんおもしろいクルマの歴史』（二〇一三年）は一九世紀、二〇世紀、二一世紀におけるクルマを考察した本である。クルマが社会に与えた影響について、馬車の時代から現在まで、そして近未来の予想も含めて、書かれている。堺が「おわりに」で述べているが、この本にフィットするサブタイトルをつけるとすれば、「馬車発、ガソリン車経由、次世代自動車行き」、「クルマをめぐる三つのパラダイムシフト」、「クルマの世界史」、「クルマの新たな歴史をつくる」といったものになる。「三つのパラダイムシフト」とは、馬車から自動車へという一九世紀のパラダイムシフト、一品注文方式から大量生産方式へ、そしてクルマ社会の形成へという二〇世紀のパラダイムシフト、ガソリン自動車から次世代自動車へという二一世紀のパラダイムシフトを指している。このことからわかるように、この本ではクルマという切り口から、個々の人間・組織・国の意思や思惑をこえた「歴史の胎動」を示すとともに、クルマの未来について考察している。

自動車評論家の徳大寺有恒の『間違いだらけのクルマ選び』シリーズも、とても興味深いクルマ文化論である。このシリーズは批評を通じて日本車をよくしようという目的で一九七六年に発行され、二〇〇六年にいったん休刊となったが、二〇一一年に島下泰久との共著で復刊され、現在

（二〇一五年版）も続いている。個別のクルマに対してユーザー目線での厳しい批評をするシリーズとして有名だが、それだけではなく、その年その年のクルマに関する文化的・社会的批評も行っている。たとえば二〇一四年版では高齢者とクルマの問題をとりあげ、高齢化が進んできた今、とくに公共交通機関が衰退しつつある地方においては、クルマのはたす役割はこれまでになく重要なものになりつつあるとし、高齢者でも安全、確実に車を運転できる運転環境の整備、技術の発展をはかることが社会の課題であると述べている（徳大寺・島下 二〇一三：二一）。それとも関連して、自動運転の実現についても、自動運転にどこよりも積極的なグーグルが描いているクルマの未来像——そこではクルマは今のスマホのような役割となる——に対して、それをこえる未来像を自動車メーカーは提示できているだろうかと疑問を呈している（徳大寺・島下 二〇一三：三〇）。

M・フェザーストンとN・スリフト、J・アーリによる編著『自動車と移動の社会学』（訳書二〇一〇年）は、現在のクルマ文化研究のなかでもっとも刺激的なものである。そこではクルマは単体としてあつかわれるのではなくクルマと運転者とがひとつの集合体としてあつかわれ、さらにそれがもろもろの人間の活動や技術、イメージ、建造物、などの複合的文脈のなかに埋め込まれたり、逆にそれらの文脈を生み出したりしていくさまを描いている。また、クルマと運転者とからなる集合体がコミュニケーション・メディアに近づきつつあることも示している。

2　デザインと社会

前節であげたものは生活史的な、あるいは哲学的なクルマ文化論である。一方、本書で行おうとしているようなデザインや感性をもとにしたクルマ文化論のひとつに、建築家の坂茂とグラフィックデザイナーの原研哉によるものがある。

坂と原は「Design Platform Japan」というＮＧＯをつくり「日本の素晴らしいデザインを世界に見てもらおう」と、「ＪＡＰＡＮ ＣＡＲ」と題した展覧会を、二〇〇八年一一月にパリで、二〇〇八年一一月から二〇〇九年四月にロンドンで開催した。クルマは、日本を代表する産業であるだけでなく、そのデザインには「日本の時代性や社会性が大きく反映」され、「環境問題を抜きにしてはデザインを語ることができない」（デザイン・プラットフォーム・ジャパン編 二〇〇九：六）。そしてクルマ産業は、「世界の課題となっているCO_2排出量削減に直結する産業」（デザイン・プラットフォーム・ジャパン編 二〇〇九：七）である。彼らがいうように、時代や社会を考える素材としてクルマ（のデザイン）はもっとも適しているもののひとつであるだろう。

ここでクルマのデザイナーによる実践的な文化論もみておきたい。

日産とアウディという日本とドイツを代表するメーカーでクルマのデザインに関わってきたプロダクトデザイナーの和田智は、日産でクルマづくりをしていたころ、自分のデザインしたクルマがドイツ車と並ぶとどこか軽いと感じた、「深み」が欠落していたという（和田 二〇一〇：一三）。その後アウディに移った和田は、デザインには「時と空間の概念」が必要だと考えるようになった。その考えを得たからだろうか、和田は後にアウディの主力車であるA6やQ7を担当するまでになった。

その和田がアウディで働いて一一年たった頃、アップル社のデザイナー、ジョナサン・アイブらとランチをともにする機会があった。そのとき、「自動車産業が男性的なのに対し、どこか女性的なものを感じた」（朝日新聞GLOBE、二〇一三年七月二一日—八月三日）そうである。それを時代の変わり目だとみた和田は、日本に帰ることにした。かつてはドイツ車と比べて自分のデザインしたクルマはどこか軽いと悩んだ和田だが、今はむしろ日本ならではの美しい「軽さ」に注目している（和田 二〇一〇：一四四）。和田のいう「軽さ」はカワイイにも通じるだろう。

私は、クルマという「もの」と「人」とを重ねる観点として、前章まででみてきた「カワイイ」を感じる感性を手がかりとしたい。だがその前に、私たちの感性を刺激する、もののかたちやデザインについてあらためて考えてみたい。もののかたちやデザインを考えることは、私たちの生活を考えることにも等しい。デザイン評論家の柏木博はそのことについて理論的な説明を展開している。ものがどのようにして戦略的につくりだされたのかを検討した『デザイン戦略』（一九八七年）において柏木は次のように述べる。

「もの（デザイン）は、コトバと似て、わたしたちの思考や感性を確実に組織してしまうものだと言えるだろう。しかしまたそれは、わたしたちが外界にかかわっていくための根源的なメディアでもある。もの（デザイン）がいわば文化としてわたしたちを支配しうるのもまたそうした特性ゆえのことだろう」（柏木 一九八七：五三）。

また、モダンデザイン批判を「批判的に」検討した『モダンデザイン批判』（二〇〇二年）においては、もの（メディア）の出現によって人間や社会の変化が引き起こされるのだという、長きにわたって技術論やメディア論に影響を与えてきたマクルーハンの理論を擁護し、一九九〇年代以降は「技術決定論」として退けられているとはいえ、その視点が、ものによって人々の生活は変革しうるのだというモダンデザインの視点と共通していることを指摘している（柏木 二〇〇二：二二）。

このように柏木は、ものを機能だけでなくデザインも含む全体としてとらえ、肯定的側面だけでなく否定的側面からも、かたち・デザインと生活や感性との関係について考察している。この柏木の考察から明らかなように、もののかたちやデザインの変化が生活美学や生活意識（感性）の変化をうながすと考えることは、それほど不自然なことではない。カワイイものは人びとの生活を変えうるのである。

クルマに話を戻そう。坂や原がいうように、環境問題を考えようとするとき、クルマ（のデザイン）は有効な手がかりとなる。二酸化炭素排出の二〇パーセントはクルマからといわれており、低炭素社会を目指すには、エコカーと呼ばれるクルマについて考える必要がある。あらためていうまでもないが、エコカーとは、電気自動車（ＥＶ）、ハイブリッド車（ＨＶ）、プラグインハイブリッド車（ＰＨＶ）、燃料電池車（ＦＣＶ）のことである。

ＥＶは文字通り電気を使って走るクルマであり、自宅でも充電できるのが特徴である。モーターで走るため静かであり、二酸化炭素を排出しない。現時点では走行距離が短いこと、充電に時間がかかることがネックになっている。ＨＶはエコカーのなかでは現時点ではもっとも普及が進んでいる。走りながら逐電するので電池切れの心配がなく、電池が減ってもエンジンで走ることができる。二酸化炭素は排出するため、次世代のエコカーとしては難があるともいえる。ＰＨＶはモーターとエンジンを搭載しており、ＥＶとＨＶの特性を備えている。ＦＣＶはガソリン車並みの走行距離があり、燃料の水素は約三分で満タンになるが、水素供給のインフラがまだ未整備である。どれも一長一短があるのだが、現時点ではＨＶの販売台数が一番多く、ＥＶの販売は伸び悩んでいる。ＨＶは二〇一二年に日本で八五万台超販売されたが、ＥＶは一万五〇〇〇台と、新車販売の〇・三パーセントをしめるにすぎない。トヨタはＦＣＶが本命とみている。このようにエコカーの本命争いは、まだしばらく続きそうである。

本書ではとくにEVに注目する。EVは、販売台数は伸び悩んでいるものの、国内、国外の自動車メーカーはもとより、既存の自動車メーカー以外の企業も、開発に本腰を入れてきている。PHVやFCVは自動車メーカー以外が開発することは難しいが、電池とモーターで動くEVは極端にいえばプラモデルのような構造であるため、他のメーカーでも開発・製造できるのである。多様な企業が参入することでEVがエコカーとして広まり、クルマの存在感や存在価値が刷新されれば、エネルギー問題をかかえる社会への影響は大きいと思われる。日産自動車のデザイン分野の責任者である中村史郎はこういっている。「ゼロ・エミッション社会実現に向けて、EVはこれから間違いなくクルマ社会の中心になると思います」、「EVの注目すべき点は環境対策に効果があるというだけではなく、新しいクルマの価値、新しいクルマのライフスタイルを届けることです」（中村二〇一一：一三九―一四〇）。

EVに関する技術的な研究は多くなされている。経済効果についての研究や産業・ビジネス的な研究もなされている。それらを重ねあわせた、社会システム・経済システム面からの研究もある。より実践的なレベルでは、「EV・PHVタウン」などの社会実験も行われている。しかしながら、デザインや感性を含む社会的・文化的な研究はまだほとんどされていない。

そこで本書は、生活者レベルから社会的・文化的にEVにアプローチしてみたい。生活者レベルとは、運転する人、同乗する人、歩く人など、「人」との関係でEVをとらえるということである。

3 かわいい移動体とカワイイ移動体

建築と同様に、クルマを含む移動体もこれまでかわいいやカワイイとは遠くかけ離れた存在だった。それは移動体が「男のロマン」の対象となることが多かったからかもしれない。移動体は、速さはもちろん、豪華さ贅沢さや力強さが重要な意味をもっていたのであり、そういう感性を引き起こすデザインが多かった。ところが、そのような移動体において変化が起こっている。顕著なのが電車である。

電車、とくに地方を走るローカル線の車両は、長い間、それほど特徴のあるものではなかった。というより、特徴のないものだったといっていいだろう。しかし、二〇〇〇年前後から、そこに「かわいい」があらわれてくる。電車の外観やデザインが大きく変わり、それが「かわいい」と話題になることが多くなった。その代表的な例は、和歌山電鉄のいちご電車（二〇〇六年―）、おもちゃ電車（二〇〇七年―）、たま電車（二〇〇九年―）である。これらは和歌山電鉄のローカル電車（営業距離は和歌山―貴志川間の一四キロメートル）だが、その車両のかわいさが全国的な人気を呼び、休日ともなると各地から多くの人がわざわざそれらの電車に乗るために訪れる。

いちご電車はいちごのマークが目を引く電車であり、和歌山電鉄の飛躍はここから始まった。おもちゃ電車は「おもちゃ電車はたのしい電車」というコンセプトからなる赤いボディの電車である。シートは数種類あり、木馬のようなかたちをしたシートもある。フィギュアが入ったショーケースまで設置しているという徹底ぶりである。そして、たま電車は貴志駅の駅長である猫の「たま」をモチーフにしており、白い電車のボディには一〇一匹のたまが描かれている。電車内もベンチ型シートや「たま」のプリクラハウスを設置するなど、さまざまなアイデア、工夫にあふれている。

これらは子ども向けのかわいさではなく、細かいところまで考えぬかれたおとなも子どもも楽しめる、かわいくカワイイデザインである。これらをデザインしたプロダクトデザイナーの水戸岡鋭治は、岡山電鉄のMOMO（モモ）、KURO（クロ）と呼ばれる市電の車両もデザインしている。それらもきわめて特徴的なものである。MOMOは大きな窓と木製座席が特徴的な超低床路面電車である。KUROはもともとは一九五三年の東武鉄道の車両であり、つくられた当時のフローリングをそのまま使い、内装をあたらしくするのは最小限にとどめたシックな感じの車両である。

このMOMOやKUROとよく似たデザインのものとして、JR九州の特急列車をあげることができるだろう。このデザインも水戸岡が担当したのだが、水戸岡デザインの車両が多く走るJR九州は鉄道好きにとっては聖地的な場所になっている。その人気は鉄道好きだけにとどまらず、一般観光客にも好評である。

水戸岡は「心と身体で心地良くなるものを作りたい」という信念をもっている（水戸岡二〇〇九：一六四）。人間工学的に量産できる身体に心地よいものに対して、心で心地よいものをつくるには経済性とは別の発想が必要である。水戸岡は、私たちが身のまわりにいかしてきたデザインをコラボレーションしていくことで「懐かしくて、しかも新しいデザイン」をつくることができるという（水戸岡 二〇〇九：一六五）。さらに水戸岡は「車両はひとつの街並みである」と述べる。美しい街並みが、多種多様な空間、道具、色彩などによって構成されているように、車両においてもいろいろな素材を組みあわせて配置することで、人とものと自然が調和する空間をつくりだすことに成功している。

このような信念をもつ水戸岡の設計した車両は、かわいいだけではなくカワイイ。速さと大量輸送を担ってきた新幹線も九州では少し違ってくる。水戸岡デザインの九州新幹線八〇〇系つばめは広く明るい車内にシートが二×二の四列となっており、車両ごとにシートのデザインが違う。座席の素材は自然木・西陣織などさまざまで、木のテーブルも備えられており、桜材を使ったブラインドはすだれふうになっている。洗面室には天草の縄のれん、電話室には布のれん、とのれんが使い分けられている。デッキは落ち着いた感じであり、むやみに明るくしていない。だからこそ、車両のなかが引き立つ。ドキドキワクワクではない、心地いい高揚感を覚える。

ＪＲ九州の水戸岡デザイン車両のひとつに、指宿の玉手箱（略称いぶたま）というものがある。

いぶたまは、鹿児島中央から指宿までの区間を走る列車である。浦島太郎伝説のあるこの地を走る列車であることから、玉手箱を意識した黒と白のツートンカラーの車体となっている。座席は、海側のほうは海に向かって一列、山側は二人掛けとなっている。車両は古いが、外観、内装をリニューアルして雰囲気のある車両となっている。スーパーくろしおなどの他の観光列車とは異なる印象を与えるのは、それほどスピードが出ていないためかもしれない。目的地まで早く行くのではなく、時間をかけて移動を楽しむというスタイルである。そこには、道中も楽しんでもらいたいという意図を感じる。シートに腰をうずめると、車窓の景色がなぜか近い感じがする。指宿の玉手箱は普通のローカル線とスピードはほとんど同じなのだがそれよりさらにゆっくり感じるくらいである。

特急 指宿の玉手箱（著者撮影）

これら水戸岡デザインの列車について、建築家の隈研吾と鉄道好きの社会思想史家の原武史は『つなぐ建築』（二〇一二年）のなかの対談で次のようにいっている。

隈　いままでの鉄道車両は、プロダクト・デザインからまったく抜け切れないものだった。つまり二〇世紀的工業製品として、モノをどう効率的で、しかも美しくするかという発想にとどまりがちだったんです。美しさも、工業社会風の「グッド・デザイン」どまりだった。水戸岡さんはイラストレーター出身ということもあるのか、生産者・事業者の視点ではなく、それがどう受け入れられるか、需要者のことから考えている。僕からすると「ここまでやっていいの?」という感じが溢れていて、トイレの前にのれんがぶら下がっていたりとか、乗ってみるといつも楽しい。

（隈二〇一二：一六九―一七〇）

原　ＪＲ九州は、鉄道の車内で過ごす時間が大事だという認識を持っているように思います。ＪＲ東海やＪＲ東日本は、車内での時間は退屈なものだから、短ければ短いほどいいという観念にまだとらわれている。だから、目的地に一分でも早く着くのが最大のサービスという考え方から離れられない。

（隈二〇一二：一七〇）

隈と原がいうように、水戸岡デザインの列車は、車内にいること自体が楽しい、急がない移動が楽しいと思わせてくれる。速さをよしとする移動についての固定観念をあらためてくれるのである。カワイイデザインの移動体に乗るということは、その一部になることを楽しみ、速さを唯一の目的としないということである。これはものがカワイイデザインになると、それに関わる人の意識まで変わってくるいい例であろう。カワイイデザインは思考の転換をもたらすのである。

ここで移動体としての飛行機についても、少しふれておきたい。飛行機もこれまでカワイイとは無縁のものだった。ポケモンジェットなどの機体ペイントがかわいい飛行機はあったが、カワイイとはいえなかった。

ところが、二〇一二年に格安航空会社（LCC）としてピーチが就航した。それまで日本にもLCCはあったが、ピーチは価格が安いだけの従来のLCCとはひと味もふた味も違う。クールなブランドづくり、キュートなネーミング、フューシャピンクをあしらった機体のペイントなどがカワイイのである。

飛行機は電車以上に、というかそれどころではないくらいに、機体が大きい。ピーチは、既存の航空会社の中型機の機体と基本は同じなのだが、色のペイントやデザイン、それらによるイメージによって、スマート感と親しみやすさをかもしだしている。その結果だろうか、二〇一三年四月から一一月の平均搭乗率は八四パーセントとかなり高い数字であった。

ピーチのようなカワイイ機体をもつ航空会社が少しずつ増えてきたことと関係するのか、飛行機好きの女子があらわれてきている。彼女らは「空美ちゃん」と呼ばれている。そういう女子が出現してきたことは、飛行機という重厚長大なものがカワイクなってきたことのひとつのあらわれであるだろう。

水戸岡デザインの電車の例とピーチの例からわかるように、重厚長大なものがカワイイ化されるとそれまでにない人気を得るようである。

実際、カワイイ乗り物に乗るとウキウキする。その一部になっている感じがする。スピード第一ではないから景色が違って見える。居心地がよく、「見心地」もいい。

ここから、再びクルマについて考えていく。「男のロマン」――それはある意味、「おとこおとな」の象徴的存在であろう――の対象であった移動体が、クルマである。クルマも、これまでかわいいやカワイイという言葉で形容されることなどほとんどなかった。おもに使われていたのはカッコイイという言葉であった。アトリエ・ワンの塚本由晴は最近のクルマを指して「モコモコしている」といっている（アトリエ・ワン 二〇〇九：九九）。それは車体の大きいさまやスマート感のなさを指しているようである。たしかに少子化社会で家族人数は減っているにもかかわらず、クルマはモコモコと大きくなっているのは不思議である。モコモコしていることと関係するかもしれないが、クルマの内側にぬいぐるみがおかれてあったり、ムートンが敷かれてあったりと、かわいい仕様になっていることも少なくない。

また、外観においてかわいいが強調されたクルマも登場している。萌え系のアニメのイラストがペイントされた、いわゆる「痛車」と呼ばれるものである。ペイントは以前はそれこそ「おとこおとな」なクルマの代表的な存在であるデコトラと呼ばれる長距離トラックに特有のものだったし、そのペイントはこわもてのものが多かったが、最近は普通乗用車にアニメやマンガのキャラがペイントされたりする。痛車はアニメイベント会場周辺やいわゆる「聖地」などで見かけることが多い。ファンではない者からすると、そのようなペイントをすることがオタク特有の「痛い」行為と見なされることから、痛車といわれるのであるが、もちろん、カッコイイクルマの代表的な存在であるイタリア車（イタ車）ともかけている。痛車はある意味でのクルマのかわいい化といえるだろう。

しかし、クルマのカワイイ化はまだほとんどみられない。電車や飛行機がカワイクなっているのだから、カワイイクルマだってあっていいのではないだろうか。いや、もっとはっきりというと、あったほうがいいのではないか。

カワイイクルマの参考になるもの、前例となるものはこれまでにもあった。真壁智治はスバル３６０をカワイイものとしてあげている。また妹島和世が伊東事務所時代に担当した「東京遊牧少女のＰＡＯ」という作品は日産のＰＡＯへとつながっていった。塚本由晴はミニ・クーパーについて「小さいことを運転する空間の楽しさに転じている」と述べている（塚本 二〇〇三：七〇）。これら、スバル３６０、日産ＰＡＯ、ミニ・クーパーなどは、スマート感、小ぶり感、その上でのキャラ感を備えたカワイイクルマということができるだろう。

このように、その作品がカワイイといわれる建築家たちはカワイイクルマについても意識的である。それらのもとをたどれば、フランスの建築家ル・コルビュジエのマキシマムカー（一九二八年）に行きつくだろう。ミニマムな大きさとマキシマムな機能との調和を目指したマキシマムカーは都市交通のためのクルマである。その全長は当時の一般的なクルマの半分くらいである。

マキシマムカーは実現化されなかったが、マキシマムカーの影響を受けたバブルカーとかサイクルカーといわれるクルマがその後にあらわれた。これらは小ぶりで自由なカタチが愛嬌をかもしだす。イセッタ、メッサーシュミットが代表的なものであり、フィアット５００、フィアット６００、そして日本のものではフジ・キャビンなどが有名である。そのような例にならえば、クルマは十分カワイクなれるのである。

では、クルマをカワイクするためには、あるいはクルマがカワイクなるためには、どうしたらいいのだろうか。また、クルマがカワイクなったとき、その有効性とはどのようなものだろうか。

4　カワイイクルマの有効性

前章でみたように、もともとはかわいいの領域には含まれることはなかったものがカワイクなってきているのである。バブルカーなどの例外は別として、基本的にクルマもかわいいものではなかったが、これから先、カワイクなる方向に向かってもおかしくない。

今のクルマには必要以上に大きく重い印象を受けるものが多い。化石燃料を燃やして二酸化炭素を排出しながら走るというのも、いかにも「重い」し古い。「おとこおとな」な領域である建築においてカワイイが注目されてきているように、もうひとつの代表的な「おとこおとな」の領域であるクルマにおいてもカワイイが意識されてもいいのではないだろうか。

カワイイクルマの実現可能性を考えるとき、エコカーや次世代車のひとつとして先にあげたEVが有効であろう。ことわるまでもないが、EVは二一世紀に入ってから発明されたものではない。EVの元祖である電気自動車は、自動車の黎明期に内燃機関と動力源の座を争っていたが、T型フォードの成功に寄与したガソリンエンジンの進歩や油田の開発により、内燃機関を動力とするクルマが定着していったのである。日本でも戦後の一時期、たま自動車などが電気自動車の販売を行っていたが、バッテリー容量の不足などから広まることはなかった。

これまでにも何度かEVが注目されることはあった。一九七〇年代のオイルショックのときや一九八〇年代のカリフォルニア州のゼロ・エミッション構想のときなどがそうである。だが、その流れは広がることはなかった。しかし、二一世紀に入ってから「EV革命」ともいわれるくらいにEVは一気に広がっている。日本国内では、三菱自動車が量産型EV「i-MiEV」を、富士重工業が「スバル プラグイン ステラ」を二〇〇九年に発売し、日産も「リーフ」を二〇一〇年に発売した。トヨタは「eQ」を二〇一二年発売、ホンダも「フィットEV」を二〇一二年に発売した。どの自動車メーカーもEVを次世代のクルマとして位置づけ、その販売を進めようとしている。

日産の「リーフ」は、走行中に二酸化炭素を出さないゼロ・エミッション車である。二〇〇ボルトの普通充電ではフル充電に約八時間かかる。急速充電では約三〇分で八〇パーセントまで充電できる。全長、全幅、全高はそれぞれ四四四五ミリメートル、一七七〇ミリメートル、一五四五ミリメートルである。徳大寺有恒・島下泰久の『2014年版　間違いだらけのクルマ選び』では「〔大幅改良前に比べ〕走りも洗練された。軽量化、モーターのレスポンス向上、サスペンションの見直しなどの効果だろう。重さに対して足回りが華奢な感じが薄まり、乗り味がしっとりしてきたし、加速感も、より意に沿うものになった」（徳大寺・島下 二〇一三：一三八）と紹介されている。

三菱自動車の「i-MiEV」は、全長、全幅、全高はそれぞれ三三九五ミリメートル、一四七五ミリメートル、一六一〇ミリメートルであり、普通充電は約七時間、急速充電には約三〇分かかる。『2014年版　間違いだらけのクルマ選び』では、「i-MiEVは、今ある技術と

日産 リーフ（2010年〜）（©日産自動車株式会社）

〔シティコミューターとしての〕世間のニーズがうまく噛み合ったところにあるクルマと言っていい。しかも、そこに上質な走りという嬉しい嬉しいオマケもついてくるのである」という評価を得ている（徳大寺・島下 二〇一三：一三六）。

ホンダの「フィットEV」は、一部の官公庁、自治体、法人に向けたリース販売であり、全長、全幅、全高はそれぞれ四一一五ミリメートル、一七二〇ミリメートル、一五八〇ミリメートルである。普通充電には約七時間かかり、急速充電には約二〇分かかる。フィットEVのウェブサイトには「セダン並みのエアロボディ」、「たとえ電気自動車であっても、走る楽しさを忘れない」という記述があることから、今あるクルマの延長線上でEVをとらえていることがわかる。

トヨタの「eQ」は、四人乗りコンパクトカーの「iQ」をベースに開発された。全長、全幅、全高はそれぞれ三一一五ミリメートル、一六八〇ミリメートル、一五三五ミリメートルである。普通充電は約三時間、急速充電は約一五分かかる。トヨタはEVの普及はまだ時間がかかるとみてグローバルでの販売台数は一〇〇台とし、販売先としてカーシェアリング業者などをねらった。

ここでみたような現在販売されているEVのデザインは総じて、現在販売されているクルマのデザインとよく似たもので、依然としてモコモコしていてカワイクない。旧来のデザインとそう大きくは変わらないということは、これからの私たちの生活において、大きな価値観の変化を引き起こすことは難しい。

日産　ハイパーミニ（2000年-2003年）
（©日産自動車株式会社）

それに対して、一九九七年の東京モーターショーで発表され、一九九九年から二〇〇二年にかけて販売された日産の「ハイパーミニ」はまったく新しいコンセプトでデザインされていた。全長は二六六〇ミリメートルとかなり短い。さらに、そうしたハード面だけでなく、ＥＶをどのように人びとの暮らしに組み込んでいくかというソフト面での可能性も提供した。その開発に関わった和田智は「オールニューのＥＶコンセプトを実現し」たと、「渾身のデザイン」を自負している（和田二〇一〇：七九）。それは速く走りそうには見えないクルマ、速く走るのが似合わないクルマ、速く走りたくはならないクルマ、といえるかもしれない。あるいは、ゆったりとした走りが似合うクルマ、といっていいかもしれない。ハイパーミニではそういう価値観に基づくデザインが試みられたように思われる。しかし、残念なことに、そのデザイン観、価値観はハイパーミニ限りでおわったようで、その後は継続されていないようである。

このように現在市販されているＥＶのかたちやデザインから推測するに、自動車メーカーはＥＶのかたちやデザインは当面今のままでいいと考えているようである。ＥＶは私たちの生活にもっと大きな変化を起こすかもしれないのだが、その点があまり考慮されていないデザインであるように思う。また、購入者のほうも、クルマをあこがれの対象としてではなく単なる手段としてとらえるようになってきたため、今のようなかたちやデザインでなんら問題はないと思っているようでもある。柏木博が指摘したような、また水戸岡鋭治が実践しているような、デザインの変化による私たちの生活の価値観の変化が、残念ながらまだクルマには起こっていない。

ここまで述べてきたように、EVは、とくに超小型EVはカワイクなれる。なぜならば、極端にいえばEVは電池とモーターで動くため、部品が少なくてすみ、かたちの制約も少ないからである。構造が単純なだけではなく、機能が機械的につながっていることからも自由になるのである（中村二〇一一：一四二）。日産のデザイン分野の責任者である中村史郎はこういう。「いままで当たり前だと思っていたデザイン面での色々な制約が、なくなります。レイアウトの可能性は無限です。それにより、ユニークなデザインが可能になります。次の世代のEVでは、より革新的なクルマが登場することになり、いままで経験できなかった新しいクルマの価値を生み出せます」（中村二〇一一：一四三）。ここでいわれる「より革新的なクルマ」というのがこれまで何度も繰り返してきた「カワイイクルマ」である。EVでは、先に示したバブルカーのように、フォルムのデザインがかなり自由になる。そうなれば、クルマは軽やかなものになり、従来のクルマの意味を書きかえうるだろう。今のバイクくらいの超小型のカワイイEVが登場するかもしれない。

自動車メーカーだけではなく、家電メーカーやおもちゃメーカー、ファッションメーカーなどもクルマの製造に参入可能になるだろう。あるいは、自動車メーカーと他業界が共同でＥＶを開発するということもあるかもしれない。クルマ以外のデザインを取り入れるなどして洗練されたＥＶが、クルマをカワイクするきっかけになればいい。そして、そうなる可能性は大いにあると思われる。

ヒントとなるのは、先にもあげた日産ハイパーミニや、都市型のコミューターとして開発されている、トヨタのコムス、ホンダのマイクロコミューター、日産のニューモビリティコンセプトなどであろう。またＥＶではないが、スウォッチとダイムラー・ベンツが共同開発したスマートも大きなヒントになるに違いない。

smart fortwo
（©メルセデス・ベンツ日本）

都市型コミューターとは一～二人乗り程度で小まわりがきき、都市交通用に用いられる移動体のことである。コムス、マイクロコミューターなどはそれを意識しているともいえる。実際に現在の日本での平均的乗車人数は三人以下が八割で、月間走行距離は五二パーセントが三〇〇キロメートル以下である（堺 二〇一三：二六〇）ことを考えれば、都市型コミューターとして超小型車は存在感を増していくことだろう。

　実際、超小型ＥＶについては実現化が視野に入ってきている。二〇一二年六月四日に国土交通省が示したガイドラインによると、「〔超小型車とは〕一～二人乗りで、軽自動車よりも小さく原動機付き自転車より大きい、五キロ圏内の近距離で手ごろな移動手段となり、原則的にはＥＶ。高齢者などの身近な移動手段、地方都市や山間部での移動手段として今後需要が高まる」となっている。国土交通省は超小型車を軽自動車に分類しているが、自動車メーカーは超小型車を、道路運送車両法で定める普通自動車、小型自動車、軽自動車に次ぐ「第四のクルマ」として位置づけることを求めている（朝日新聞二〇一二年六月五日）。

　超小型車としてのＥＶの実現化は実はそこまで来ている。だが、国土交通省の指針は高齢者などの移動手段、地方都市や山間部での移動手段として考えているところが、その可能性を狭くしている。

　クルマを社会的・文化的な存在としてとらえるならば、若者を含む一般の都市交通用として超小型車をとらえ、それに「カワイイ」デザインを取り入れることが、これからの社会を考えるうえで重要であると思われる。

　都市型コミューターはすでに、既存のクルマメーカーではないベンチャー企業も開発をしている。福岡県宗像市に本社のあるコボット株式会社が完成させたコボット（ＫＯＢＯＴ）などがそうである（『サンデー毎日』二〇一三年九月一五日号「北村森の一生逸品・地方企業のEVが島を駆けめぐる＝KOBOT」）。コボットは走行実験を地方の島で行った。ゆくゆくは都市における走行をめざしている。

超小型カワイイEVはコルビュジエが描いたマキシマムカーの実現化ともいえるだろう。超小型EVは単に小さいだけのクルマであってはならない。インテリジェント化という意味ではなく、カワイイ化という意味での、スマートカーとなるのが望ましい。そうなれば、間違いなく、人びとの生活に大きな変化を与えるだろう。

超小型EVがかたちやデザインのカワイサをこえて、その存在自体がカワイクなるとしたら、それはどういうものだろうか。おそらくそれは、重厚長大ではない、権威的ではない、速そうではない、流線型ではない、ものであろう。街を切り裂くようにスピードを出して走るのではなく、トコトコ進む、あるいは、スーッとわたる（移る）ように走るとでもいおうか。

クルマが小さくなると、相対的に道路は広くなる。道路のなかに余白ができ、その余白がクルマを街の風景として溶け込ませるだろう。歩行者を端に追いやってわがもの顔で道路を占領するのではなく、クルマも街の一部となるだろう。

第7章　超小型カワイイEV

1　クルマが作る社会

『JAPAN　CAR』(二〇〇九年)において日産のデザイン分野の責任者である中村史郎は、「クルマの歴史が浅い日本だからこそ、既成の価値観にとらわれない革新を生み出す可能性が高いとも言えます。速そうでアグレッシブなカタチではなく、見る人に安らぎを与え、微笑みを誘う、そんなクルマがあってもよいはずです。そんな日本独自の美意識、価値観を新しいカタチで表現したクルマは、現代の社会においてグローバルに通用するものだと信じています」(デザイン・プラットフォーム・ジャパン編 二〇〇九：一二九)といっている。本章では中村のクルマ観をヒントにしつつ、社会的・文化的な存在としての、都市型コミューター＝超小型カワイイEVを考えてみたい。また、超小型カワイイEVがつくる近未来の自動車文化、そして、カワイイ社会、カワイイ移動についても考えてみたい。

近未来の話の前に、過去を少し振り返ろう。二〇世紀は、アメリカにおいてとくに、クルマが社会そして風景をつくる時代だった。その状況を「アメリカは高速道路にすぎない」とジャン・ボードリヤールは評した。広大な国アメリカはクルマなしでは成立しないから、高速道路は、超高層ビルや大トウモロコシ畑とともに、かの国の象徴だといっても過言ではない。クルマの大量生産と道路建設による「クルマ文化」は、二〇世紀アメリカに生まれた。そのクルマ文化の独自性は、道路ぞいに二〇世紀を象徴する新しいビジネスや消費文化を生んだことである。それをロードサイド・エンパイヤーズというが、このロードサイド文化こそ、二〇世紀のアメリカ的生活様式である。二〇世紀末にはロードサイド・エンパイヤーズが過剰に発達したため、ジャンクション周辺しか繁栄しなくなり、中心部はさびれていった。このように、速度というものが人間の文化や社会に悪影響を及ぼすことが批判されるようになった。こうして、クルマの世紀が、より正確にいうならば、速さを追求する力強いアメリカ製クルマの世紀がおわったのである。

とはいえ、もちろん二一世紀においてもクルマはなくならない。北米やヨーロッパや日本以外の国ではこれからクルマの世紀を迎えるところもあるだろう。その地域や文化を意識したクルマ文化論を考える必要もあるだろう。力強いクルマと社会が齟齬をきたしている北米、ヨーロッパ、日本においては、より一層クルマと社会・文化をつなげて考えなければならないだろう。

情報人類学者の奥野卓司は二〇世紀末に、「自動車もまたひとつの情報メディアに変化していくだろう」と二一世紀の自動車像を語った（奥野責任編集 一九九六：二八）。さらに「二一世紀には、道路自体の情報化（ＩＴＳ）にともなって、自動車のマルチメディア化も進み、クルマの自動運転も含む、さまざまな自動車メディア、モーバイル・スーツが登場してくるだろう」（奥野責任編集 一九九六：三〇）とも予測した。今、急ピッチで開発が進められている自動運転車はそれにあたるだろう。

しかし、奥野が想像した、そしてそれがある程度現実化した、移動するコンピュータ的な、大きなモーバイル・スーツ的なクルマの価値は減衰しているといえるだろう。いや、価値の減衰というよりも、価値・意味・意義が異なってきているというほうが適切かもしれない。単に移動手段としてのみ存在するモーバイル・スーツは、乗る人にも見る人にも楽しみを与えない。そうではなく、移動自体を「五感で楽しめる」クルマが求められているように思われる。それは心地よい移動を実現するクルマ、それはデザインはもちろんのこと、コミュニケーション的にもカワイイクルマだろう。

ダニエル・ブーアスティンは『過剰化社会』（訳書 一九八〇年）において、かつてコミュニケーションと移動は一体化していたと指摘し、テクノロジーの発展が二者を分離したと述べている。それは移動体に機能のみを求め、コミュニケーションの地平から疎外していったことを意味する。そうした観点からみれば、カワイイ移動体は、再び移動とコミュニケーションを融合させることになるかもしれない。移動体におけるカワイサとはなにか。

人間との接点を積極的につくり出している、親しみの感情を引き出しコミュニケーションを誘発する、それが移動体のカワイサを支えるひとつの要素である。そこでは日本独自の価値観がいきてくる。カワイイ移動体は、隈研吾が待庵について語った言葉を借りれば「ギリギリまで身体に迫る小箱が、衣服のような軽やかさ、やわらかさで身体をくる」(隈二〇一三：一八三)み、乗る人に安心感と開放感をもたらすであろう。「『小さい建築』が大きな世界と接続され、身体というちっぽけなものが、再び世界と結ばれる。『小さい』がゆえに世界と結ばれる」(隈二〇一三：二〇二)という隈の言葉も、そのままカワイイ移動体にあてはまってくるように思う。

そこで次節以降では、クルマが超小型カワイイＥＶになった社会について考えてみたい。具体的には、超小型カワイイＥＶによる「コミュニケーション」と「移動」、さらには「カワイイ都市」について考えていきたい。というのも、それらはすべてつながっていると考えられるからである。

2　超小型カワイイＥＶによるコミュニケーション

原研哉は都市全体を制御するような「都市とクルマ、あるいは人とクルマ、クルマとクルマのコミュニケーション」の重要性を指摘している（デザイン・プラットフォーム・ジャパン編 二〇〇九：五九）。実際、クルマのコミュニケーション機能はこれからますます関心を集めるだろう。原のいうコミュニケーションとは情報通信的な意味あいが強いだろうが、同時に情緒的な意味でのコミュニケーションも重要になってくるように思われる。

都市型コミューターとしての超小型カワイイＥＶが実現された場合、クルマの社会のなかでの可能性、人との関係の可能性、ものとの関係の可能性、はどのように変わるだろう。

人びとは超小型カワイイＥＶのなかにいること自体が楽しくなるだろう。それは、スピードや力強さを制御できる楽しさではなく、ふんわりとつつまれて居心地がいいからこそ感じる楽しさであろう。その意味で、超小型カワイイＥＶは男（おとこおとな）のロマンと結びついた力強いイメージから解放されて、日用品のような存在になるだろう。エンジンメーカーがスピードを追求して開発や生産を独占することはなくなり、家電メーカーやファッションメーカーやおもちゃメーカーなども参入するようになるだろう。そうなるとよりコミュニケーション的な意味が増していくに違いない。なお、ここでいうコミュニケーションとは、『カワイイパラダイムデザイン研究』で真壁が説明した、カワイイに備わっている「他者との関係をつなぐ効果」（真壁 二〇〇九：二八）、「ストーリー」を生む力（真壁 二〇〇九：二二五）、「人と人とを結び付ける力」（真壁 二〇〇九：二四二）などと大いに重なり、ものと人との五感を通した交流を意味している。

速くて大きくて力強いクルマは、乗る人に街を切り裂く爽快感を与えるかもしれない。しかしそれは自分以外のものとの隔絶感であり、そこにはコミュニケートする相手が存在しない。

それに対して、超小型カワイイEVは乗る人に、クルマとの一体感、自分もカワイクなる感覚、そして街との一体感を与えるであろう。からだにあった小ざっぱりした服を身につける感じといったらいいだろうか。そういう服は長く着続けたいものである。

そのような超小型カワイイEVは、人に「できるだけ長く乗りたい」、と思わせる。クルマは、モデルチェンジによる買いかえをうながすシステムをとってきた。それにより繰り返される人とクルマの「新しいお付き合い」を尊ぶのではなく、クルマと人との「長いお付き合い」を尊ぶ。このように、カワイイEVはクルマと人の長期的なコミュニケーションをうながすのである。

このことは、必然的に、クルマの「成熟」について考えることにもなる。自動車産業は、産業としてはすでに成熟しているが、ものとしてのクルマの成熟はまた別である。成熟したクルマを考える――それは長く乗られることにより完成するデザインということを考えることにもなるだろう。そしてそれは、成熟のさらに先を考えることではないだろうか。

第4章1節で引用した、永江朗の言葉を再掲しよう。「時間がたつに連れてどんどん美しくなっていく家に住みたい。経年変化を楽しみたい。新築時のピカピカがその家にとってベストの状態なのではなく、空気を吸い、雨に打たれ、日に焼かれ、埃が溜まったり、それを掃除したりの繰り返しによって、だんだんと美しくなっていく家に住みたいと思います」（永江　アトリエ・ワン　二〇〇四：二二五）。同じようなことがクルマについてもいえないだろうか。

永江はこのようなこともいっている。「ふつう、工業製品は古いものより新しいもののほうがいい、という常識がある。世の中は常に進歩する（はずだ）。古いものの欠点を改良して新しいものを作るのだから。クルマは新しければ新しいほどいい（はずだ）。ところがゴルフカブリオレに乗っていると、どうもそうは思えないのである。七〇年代の設計で九〇年ごろに製造したゴルフカブリオレのほうが、最新の設計で最新の製造よりすぐれているのではないか」（永江　二〇〇七：一八二―一八三）。

長く乗ることによってさらによくなっていくクルマとはどのようなものだろう。新車で購入したときが最高の状態ではない。長く乗ることにより人になじみ、街になじんでいく。人びとの暮らしに、風景に、溶け込んでいく。素朴で味のある、カワイイクルマ。

都市コミューターとしての超小型カワイイＥＶの開発にあたってはこれらを意識する必要がある。そうでないと、今までのクルマの延長線上のものにしかならないし、新しい生活の道具とはならないだろう。

3　超小型カワイイEVによる都市内移動

都市内移動にはどのような変化が起こるだろうか。超小型カワイイEVには、力強い言葉である「走る」ではなく、力強さには欠けるかもしれない「移動する」という言葉がぴったりくるだろう。そういう移動は、積極的な感覚の言葉である「快楽」ではなく、ややゆったりとした感覚の言葉である「悦楽」とでもいえるかもしれない。

超小型カワイイEVによる悦楽的な移動はカワイイ移動をつくりだす。その移動は、モーバイル・スーツ的なクルマによる街を切り裂き、対向車や人を威嚇するようなものではない。ゆったりとした、自分とクルマの一体感、そして街とクルマの一体感をともなう移動である。

このような、速さとは距離をおいたクルマ移動は、エンジンから考えるのではないクルマ移動でもある。またそれは、流線型から考えるのではないクルマ移動でもあるだろう。これは人のクルマ移動における大きな変化となる。原研哉も「エンジンからモーターへ、ガソリンから電気へと変わることで、クルマの本質が変わっていくことが想像されます。ガソリンエンジンは『荒ぶるマシン』であり、ドライバーがこれを制御し飼い慣らすことでスピードを我がものとし、行きたいところに『行く』という主体性を謳歌することができました。一方、電気で動くクルマは『行く』という主体性よりも『移動する』というクールさに立脚した技術です。荒ぶるエンジンを制御するという運転の美意識は薄らいで、あらゆるところにトランスポートしたいという欲求、すなわち『移動』を最短、最少エネルギーで実現したいという冷静な意欲によって運用されるマシンです」（デザイン・プラットフォーム・ジャパン編二〇〇九：最終頁）といっている。

都市内移動においては、みながみな目的地に早く着きたいわけでもないだろう。また、みながみなエンジンを制御しスピードの恍惚を味わいたいわけでもないだろう。ＪＲ九州の列車人気が証明するように「移動すること自体の楽しみ」を求めている人は案外多いのではないだろうか。

近未来の移動としてのカワイイ移動は、二〇世紀のＳＦに描かれた二一世紀の移動体や移動とは異なる。速さを意識した流線型ではなく、空中に浮かぶこともない。また、モーバイル・スーツ的な力強く対向車を押しのける感じではなく、スーッと街中をすべっていくような感じではないだろうか。そういうカワイイ移動という概念は、いわゆる「ガラパゴス」かもしれない。だが、ガラパゴスが結果として次世代の流れを先どりすることもある。そして種としてこれから先に長く残ることもある。それはアメリカ的ではない、ヨーロッパ的でもない、クルマ移動における「新種」の発見となるかもしれない。そう考えると、カワイイ移動は、あたらしい都市内移動コンセプトの創造といえるかもしれない。

4　カワイイ都市

二〇三〇年のEVとプラグインハイブリッド車をあわせたシェアは二〇〜三〇パーセントと予想されている（堺 二〇一三：二八六）。次世代車とうたわれているわりに、その程度といえばその程度である。乗用車の他にバスやトラックなど、さまざまなクルマがあるため、一気に超小型EVが道路の主役になるわけでは当然ない。が、より長い目でみればそういう方向にあるといってもいいだろう。クルマが街（都市）の風景に深く結びついていることは、先にみた二〇世紀のアメリカの例で明らかである。超小型カワイイEVの普及をきっかけに住宅や街が変化するまでには時間がかかるだろうが、その方向性は意識しておくといいだろう。

『カワイイパラダイムデザイン研究』で真壁智治が述べるように、デザインがカワイイという感覚を共有して人と人はつながってゆくことができる（真壁 二〇〇九：五五）。それは、いわばカワイイの他者効果である。そうであるならば、もしクルマがカワイク愛でられる存在になれば、クルマは人と人の気持ちの交換をうながす媒体になりうるだろう。クルマに乗る人とクルマを見る人の気持ちがつながれば、街の風景も変わってくるだろう。このことは、永江朗とアトリエ・ワンが『狭くて小さいたのしい家』で「車と街の関係も、育てるっていうか、共存させる方向で、きちんとデザインの問題としてとりあげるべきなんじゃないかということですよね」（永江 アトリエ・ワン 二〇〇四：一〇六）と述べていることと通ずる。

また、電動立ち乗り二輪車を日本で販売するセグウェイジャパン社の大塚寛社長は、二人乗りのモビリティについての語りのなかで、ＥＶやパーソナルモビリティの普及が人びとのライフスタイルを変え家や街の風景をも変えていくだろうと述べ、モビリティを通して快適な都市をつくっていくことを目標に掲げている（原研哉・ＨＯＵＳＥ ＶＩＳＩＯＮ実行委員会 二〇一三：一六七）。

クルマはこれまで住宅の設計においては考慮されてこなかったが、充電池としての役割をはたすＥＶは住宅と深く関わる。前出のプロダクトデザイナーの和田智は、ＥＶと家を分けずに暮らしをひとつのものとしてデザインする大切さを説く（和田 二〇一〇：二〇四）。また、アトリエ・ワンの塚本由晴は、これまでは車そのものの美しさ、住宅の構えやその集合体としての街並みとの関係は意識されていなかったといい、これからはクルマが住宅のファサードの一部になるという（アトリエ・ワン 二〇〇九：九九）。逆にいえば、住宅や街もカワイクなるだろう。

実際に、塚本由晴の設計したミニハウスはミニ・クーパーがぴったりとあう。このようなカワイイ住宅、カワイイ建築が増えていくと、街自体がカワイクなっていくだろう。

都市像を表す「スマートシティ」という言葉がある。スマートには「洗練された」という意味の他に「コンピュータによる制御・情報処理能力を搭載した」という意味がある。通常のスマートシティのスマートは後者の意味であり、高度に情報通信化・インテリジェント化された都市のことである。このスマートシティのためにはインフラ整備が欠かせない。一方、カワイイ都市は前者の意味をもつスマートシティである。

かわいい都市といえば「萌え」と結びついたいわゆる「趣都」のことを思いうかべる人がいるかもしれない。趣都は都市表象や都市文化論の文脈で語られてきた。しかし、カワイイ都市という都市像はこれまで語られてこなかった。カワイイ都市といっても、具体的にはなかなかイメージしにくい。ここからは筆者の想像になってしまうことをお許しいただきたい。

カワイイ都市というのは、江戸時代の都市（とくに江戸や京都）に近いかもしれない。街には小さな長屋が軒を並べ、全体としてきちんと整理されていた。江戸を訪れた外国人がその秩序立った都市空間を見て驚いたくらいである。そして第3章でも述べたように、江戸時代の都市住人は素朴さや単純さを愛でる感覚をもっていた。それは今の「カワイイ」という感覚に近いもののように思われる。

現代でカワイイ都市の参考になるのは、京都市や、秋田県角館町（現仙北市）や福井県小浜市や山口県萩市など、各地にある小京都といわれるところだろう。コンパクトで、洗練されていて、女子に人気がある。

そのような街に超小型カワイイEVが走り、それと調和した小さなカワイイ住宅や商業施設、公共施設が整えられていく。そうなっていくと、洗練という意味でのスマートシティ＝カワイイ都市が誕生する。カワイサというものは、これからの日本の都市の目指すべきスタイルのひとつなのかもしれない。そして、国土が狭く、ミニマリズム文化を脈々と育んできた日本だからこそ可能だともいえるだろう。

第8章 カワイイの行く末

最後にカワイイの行く末について考えてみたい。その前に、ここまで述べてきた、カワイイとかわいいについてごく簡単に整理してみよう。

江戸時代までの人びとは、未成熟なものに対して「かわいい」と感じるだけでなく、「成熟の先にある素朴」に味わいを見出していた。本書でいう「カワイイ」に近い感性をもっていたのである。しかし、明治になってからは、文化において「かわいい」ものは目立たなくなり、人びとに忘却されてゆく。大正に入ってから「かわいい」が呼び覚まされる契機はあったが、昭和初期には社会全体が戦争に動員されていくにつれ、それは封印されていく。戦後一九五〇～六〇年代になって「かわいい」もの、そしてそれを「かわいい」と感じる感性が再びあらわれてくるが、そこでは、かわいいと、カッコイイ、きれい、などの感性はほぼ等価値で存在していただろう。

一九七〇年代になると、女子文化を中心に「かわいい」が頻繁に使われるようになり、だんだんとそれがカバーする対象、感覚は広がっていった。一九七〇年代くらいからとくに女子において広まった「かわいい」は未成熟に大きく関係する。「かわいい」の広まりとは、未成熟を肯定的にとらえるあり方が広まったということである。未成熟を認めるというのは欧米における成熟志向とはずいぶん異なり、現代日本に特徴的な志向といえるだろう。より一層一九九〇年代くらいからは、「きもかわ」や「ぶさかわ」なども含め、かわいいがカバーする範囲が拡大し、やがては「なんでもかわいい」といわれるまでになった。裏返せば、権威的なものや伝統的なもの重厚長大なもの（まとめて「ツヨイ」ものとする）は「かわいくない」と見なされた。

二〇〇〇年代に入ると、「かわいい」に類似した感性として「萌え」が生まれ、広がっていった。それまでおもにおんな（少女）子どもがもつ感性だった「かわいい」に対して、こちらはおもに男性がもつ感性である。同じ頃からいわれだしたジャパンクールは「萌え」＋「かわいい」を指していることが多い。

「萌え」の出現と同じ二〇〇〇年代に入った頃から、それまでの「かわいい」とは異質の「カワイイ」が登場してきた。以前は「かわいくない」ものだったものが、カワイクなってきたのである。カワイイは、未成熟ではなく一種の成熟に基づく。といっても、明治以降の日本における、伝統や権威、それらと関係する重厚長大的なものと関係する成熟（おとこおとな化）とは異なる。カワイイはそれら「ツヨイ」ものの否定的な進化形、つまり、質や量における、また意味における「軽み」化――軽薄さではない――なのである。成熟して大きく重くツヨクなるのではなく、それよりもさらに先に進んで軽くなりカワイクなる。それは、低炭素社会ともいえる江戸時代までの日本人がもっていた「成熟の先にある素朴」（を味わう感性）に近い。そう考えると、低炭素社会がいわれだした二〇〇〇年代以降にカワイイが表出してきたことは、とても興味深い。

このように、カワイイものとそれらをカワイイと思う感性からなるカワイイ文化は軽みの文化といえるだろう。軽みの文化＝軽い文化については、二〇一〇年一月四日の朝日新聞の特集「ガラパゴスの先へ」にこのような記事があった。「軽い文化は過去にもあった。一七世紀の松尾芭蕉が唱えた俳句の理念『軽み』はその一つ。響きのやわらかな大和言葉を多く使うことによって、かえって心の奥底がよく伝わる。『ものの皮と同じ。薄くすれば中身がはっきり見えてくる』と、俳人の長谷川櫂さん。芭蕉は、奥の細道を旅し、いくつもの別れを経るうち、軽みの境地に達した。軽みによって世界の重みを捉えた」。ここでも江戸時代とつながってくるのがおもしろい。

現在では、かわいいはひとつの「世界観」になっている。かわいいものが集まってつくられる世界観であり、かわいいものを集めてつくる世界観である。その世界観に少しでも重なればどのようなものでも「かわいく」なる。つまり、なんでも「かわいい」になりうる。この世界観は、「おとこおとな」がもつ伝統や権威という重厚長大なツヨイ世界観に対するアンチテーゼであり、それらとも通じる日本的な成熟へのアンチテーゼでもあるだろう。

一方、カワイイは「おとこおとな」に対してのアンチテーゼというよりも、それを否定的に進化させたもの、あるいは乗りこえたものである。こちらは世界観ではなく、美意識といえるだろうか。

現代社会はかわいいが広くいきわたっている。萌えも定着したといっていいだろう。その結果、かわいいにまったく関係しないものは少ない、といった状態になっている。そのなかにあってもかわいくならないのは——それこそかわいいが対抗しようとしている——「おとこおとな」なツヨイ世界観に属するものであろう。かわいいが広まってはいても社会全体としてはツヨイ世界観の影響力は強かったと思われるが、二〇〇〇年代に入り、その部分にカワイイがあらわれ、今では存在感を示し始めている。あらためていうが、なぜ二〇〇〇年代に入ってから、かわいくない「おとこおとな」の一部にカワイイがあらわれてきたのだろうか。

それは、一九九〇年代後半以降の経済の停滞に代表される「おとこおとな」のツヨイ世界観が行きづまり、先の見えない閉塞感に人びとがとらわれるようになってきたからではないだろうか。最近、成熟社会ということがよくいわれるが、権威や伝統、重厚長大といったものやことは成熟という言葉と相性もよく、成熟社会という名のもとにはそのまま残っていくことになるだろう。それではなにも変わらず、社会はより一層行きづまっていくと思われるため、成熟社会ではなく、成熟社会のその先の社会を目指そうとする意識が働き、美意識としてのカワイイが出てきたのではないだろうか。また、「おとこおとな」のツヨイ世界観に対抗的であるかわいい世界観だけではこれ以上の変化は望めないため、「おとこおとな」のツヨイ世界観を乗りこえるためにカワイイ美意識が出てきたように考えることもできるだろう。そのように考えると、カワイイと同じ頃に、かわいいに類似した感性としてあらわれた萌えは、「おとこおとな」のツヨイ世界観をこえようとする意味では、カワイイと類似の役割をはたすように思えてくる。

低炭素社会がいわれだしたのが二〇〇〇年頃である。同様に持続可能社会ということがいわれだしたのもその頃である。低炭素社会や持続可能社会は、これまでの社会とは異なるあらたな社会像を表す言葉であり、社会の転換をうながす言葉である。同時期にあらわれたカワイイは、これまでの「おとなおとこ」社会からの転換、ツヨイ世界観からの転換を目指しているといえるのではないだろうか。その転換では、未来への息の長さが求められているように思う。

息の長いものには、当然のことながら、「時間の継続」がある。素朴に味わいを見出すような成熟の先にある美意識は、日本において、江戸時代まで長く存在してきた。明治以降二〇〇〇年くらいまでその美意識が失われていたとしても、その期間のほうが、江戸時代まで長く存在していた「時間の継続」に比べると短いだろう。そういうカワイイという感性が、低炭素社会がいわれだしたときに、静かに、ゆっくりと、あらわれてきたように思われる。

「おとこおとな」領域を「カワイイ」領域にぬりかえてしまう。それは行きづまった道をもう一度拓くための、軽やかでスマートな戦略なのである。

権威や伝統に基づいた重厚長大な「おとこおとな」な価値観、ツヨイをよしとする世界観はもう古い。それらを乗りこえた、成熟の先にあるカワイイ社会を考えてみよう。本書はその可能性を示すささやかな冒険である。

あとがき

これからの社会を、私なりに考えてみたいと思った。それを、専門的な言葉を使わずに、そして小さい声で語りたいと思った。そういう思いから、かわいい／カワイイというありふれた言葉を使いつつも、現代アートや落語、ＥＶといったかわいいとは程遠いと思われるものをとりあげてきた。

本書では、エネルギーと社会・文化の問題に、感覚・感性やもののデザインを重ねあわせてみた。そこからみえてきたのは、今、私たちは大きな変化の入り口に立っているのではないかということである。静かに広がってきているカワイイという美意識は、これからの社会を大きく変える可能性をもっているように思う。

二〇〇〇年頃から、萌えも含むかわいい（もの）がジャパンクールといわれ称揚されてきたが、本書でとりあげたカワイイものやカワイイ美意識はそれとは別種の、あるいは新種のジャパンクールといえるかもしれない。かわいいは未成熟なあり方、またそれを認めるあり方を示し、その感性、世界観に基づいたものがジャパンクールとして海外でも注目された。それに対して、カワイイは、あたらしい成熟のあり方、あるいはその先のあり方を示すもののように思う。

本書の議論には残された課題も多い。本書は一般書として気軽に読んでもらうことを念頭においているため、言葉の使い方には曖昧で感覚的だと思われる部分がある。また、第3章で行ったかわいい文化の整理、とくに一九七〇年代から現在にかけてのそれは、ざっくりとしたものになっている。私自身が文化研究を専門にはしていないため、その頃の文化や風俗をあつかった先行研究のなかから興味深いもの、高く評価されているものを活用するかたちでまとめた。その道の専門家からは、「精密さが足りない」、「〇〇についてふれられていない」などのお叱りを受けることだろう。なによりも、超小型カワイイEVがデザインする未来の社会像を具体的に描き示すことができていないことへのお叱りもあるだろう。それらのお叱りは当然のこととして受けるつもりだが、本書の目的はかわいい文化を精密に整理することやカワイイデザインを描き示すことではなく、かわいい文化の流れをふまえたうえで、新たに登場したカワイイ文化を読み解き、現在、そして将来の時代の感性の萌芽としてとらえることであった。

ところで、時代の感性といえば、現代社会において一般化しているヤンキー的な感性——これもひとつの世界観だろう——を忘れてはいけないだろう。「『ヤンキーとファンシーを押さえれば、日本人の八割はフォローできる』と言う人もいたくらい」（斎藤 二〇一四：二四一）と精神科医で批評家の斎藤環がいうように、ヤンキー的な感性は現代日本においてきわめてよく観察される。そして、ヤンキーとかわいい（ファンシー）には重なる部分も多い。「ヤンキー」のクルマにはダッシュボードにディズニー映画のかわいいキャラクターのぬいぐるみが何体もおかれていたりする。また、ディズニーキャラの絵柄のついた座席カバーをしていたりもする。どうもヤンキーとかわいいの重なるところにディズニーが位置づくようだ。本書ではこのようなヤンキー的感性とかわいいやカワイイの関係についてまでは考察を進めることができなかった。ヤンキー的感性については、別の機会に論じてみたいと思っている。

本書は、ここ数年の私のフィールドワークもどきをまとめたものである。私は二〇一三年に共編著として『無印都市の社会学』という本を出した。そのなかで「都市フィールドワークの方法と実践」という章を担当している。そこでは街をうろうろぶらぶらすることの魅力についてふれている。そして哲学者の戸坂潤の『風俗は社会の皮膚である』という考え方を紹介し、「表面的なことやものと思われがちである風俗を見る／ひろうことでその社会の深層がとらえられる」（近森・工藤編 二〇一三：二七）と述べた。学生がレポート作成の必要にせまられてぶらぶらうろうろ街歩きをすることも広い意味の「フィールドワーク」と積極的にとらえた。本書も筆者が日常から、テーマや対象をもちながら街をぶらぶらうろうろ「フィールドワーク」するなかで観察し考えたことがもとになっている。本書がとりあげた現代アート、落語、クルマは、私にとって研究対象というよりも日常生活のなかで普通に接するものである。アート観光や落語鑑賞は趣味だし、クルマは趣味ではないが毎日いやがおうにも目に入ってくる風景である。

私は社会学部に所属しているのだが、授業で学生と接するときに違和感を覚えることがある。「社会学は社会問題をあつかうもの」、「社会学は現状を分析して報告をするもの」というふうにとらえている学生がかなり多いのである。もちろん社会学にはそのような側面もあるのだが、それがすべてではない。「日常生活の何気ない一面をすくいとり、違った角度から考えてみる」こと、「現代社会の理解のうえに将来を予測して考えてみる」ということも、社会学の魅力ではないだろうか。「科学的ではない」というお叱りの声がきこえてきそうだが、私は長年「おはなし的な社会学」に惹かれてきた。それはひとむかし前、いや、ふたむかしも前の時代遅れの社会学なのかもしれない。だが、三・一一以後、これからの社会を私なりに考えたいと思ったとき、その時代遅れの社会学を試みてみたいという気持ちがわいてきた。なぜそういう気持ちになったのか、自分でもよくわからない。

私はこれまで、子どもと若者の社会化について研究してきた。単著『中高生の社会化とネットワーク』(二〇一〇年)は「おとなになること」を実証的に考えようとした本である。本書はそれとはまったく違う系統のように思われるかもしれないが、「成熟」についての研究という意味では、前著ともゆるやかにつながっているように思う。

あとがき

この本であつかったような「現代文化論」的な研究は、学生時代に奥野卓司先生から教わった。奥野先生の「現代文化論」の授業は、毎回とても楽しかった。それ以来、奥野先生からは現代文化（に限らず過去文化や近未来文化も含めて）について多くのことを教えていただいている。他にも、井上忠司先生、井野瀬久美惠先生からこれまで洋の東西を問わずさまざまな文化について教えていただいてきた。

本書は公益財団法人日産財団からの助成（二〇一一年度、二〇一二年度、二〇一三年度）を受けて、藤本憲一先生、寺岡伸悟先生と共同研究を行った「低炭素社会におけるカワイイ移動体とその有効性に関する研究」の成果の一部である。研究を進めるにあたって、岩見和彦先生、白幡洋三郎先生、久保田稔先生にたいへんお世話になった。日産自動車社友の阿部栄一さん、日産自動車総合研究所の巌桂二郎さんからも多くの助言をいただいた。また、本書がこうしてできあがったのは、関西学院大学出版会の田中直哉さんと松下道子さんのお力添えによる。ここに記して感謝の気持ちを表したい。

二〇一五年初夏

工藤　保則

参考文献

赤木洋一、二〇〇七『「アンアン」1970』平凡社
秋元雄史・安藤忠雄ほか、二〇〇六『直島　瀬戸内アートの楽園』新潮社
東浩紀編、二〇一〇『日本的想像力の未来――クール・ジャパノロジーの可能性』日本放送出版協会
アトリエ・ワン、二〇〇九『アトリエ・ワン　空間の響き／響きの空間』INAX出版
五十嵐太郎、二〇〇七『「結婚式教会」の誕生』春秋社
――――、二〇〇九「かわいい建築論をめぐって考えておくべきこと」、真壁智治・チームカワイイ『カワイイパラダイムデザイン研究』平凡社
――――、二〇一〇「石上純也について私が知っている幾つかの事柄」、石上純也・豊田市美術館監修『建築のあたらしい大きさ』青幻舎
――――、二〇一一a『現代日本建築家列伝――社会といかに関わってきたか』河出書房新社
――――、二〇一一b「メッセージする建築」、『広告』（二〇一一年一月号）博報堂
伊東豊雄、一九八九『風の変様体』青土社
上野俊哉、一九九二『思考するヴィークル――クルマ・速度・都市』洋泉社
越後妻有大地の芸術祭実行委員会・北川フラム編、二〇〇一『大地の芸術祭　越後妻有アートトリエンナーレ2000』現代企画室
大塚英志、一九八九『少女民俗学――世紀末の神話をつむぐ「巫女の末裔」』光文社
岡田邦雄、二〇一〇『ル・コルビュジエの愛したクルマ』平凡社
奥野卓司責任編集、一九九六『20世紀のメディア②　速度の発見と20世紀の生活』ジャストシステム
柏木博、一九八七『デザイン戦略――欲望はつくられる』講談社
――――、二〇〇二『モダンデザイン批判』岩波書店

香山リカ・バンダイキャラクター研究所、二〇〇一『87％の日本人がキャラクターを好きな理由――なぜ現代人はキャラクターなしで生きられないのだろう?』学習研究社
古賀令子、二〇〇九『「かわいい」の帝国』青土社
工藤保則、二〇一〇『中高生の社会化とネットワーク――計量社会学からのアプローチ』ミネルヴァ書房
隈研吾、二〇〇四『対談集　負ける建築』岩波書店
――、二〇一二『対談集　つなぐ建築』岩波書店
――、二〇一三『小さな建築』岩波書店
斎藤環、二〇一四『ヤンキー化する日本』ＫＡＤＯＫＡＷＡ／角川書店
堺憲一、二〇一三『だんぜんおもしろいクルマの歴史』ＮＴＴ出版
坂崎千春、二〇一一『イラストのこと、キャラクターデザインのこと。』ビー・エヌ・エヌ新社
島村麻里、一九九一『ファンシーの研究――「かわいい」がヒト、モノ、カネを支配する』ネスコ
春風亭小朝、二〇〇〇『苦悩する落語――二十一世紀へ向けての戦略』光文社
高田公理、一九八七『自動車と人間の百年史』新潮社
近森高明・工藤保則編、二〇一三『無印都市の社会学――どこにでもある日常空間をフィールドワークする』法律文化社
辻泉、二〇〇九「なぜ鉄道は『男のロマン』になったのか」、宮台真司・辻泉・岡井崇之編『「男らしさ」の快楽――ポピュラー文化からみたその実態』勁草書房
塚本由晴、二〇〇三『「小さな家」の気づき』王国社
デザイン・プラットフォーム・ジャパン編、坂茂・原研哉企画編集、二〇〇九『ＪＡＰＡＮ ＣＡＲ　飽和した世界のためのデザイン』朝日新聞出版
徳大寺有恒・島下泰久、二〇一三『２０１４年版　間違いだらけのクルマ選び』草思社
――、二〇一四『２０１５年版　間違いだらけのクルマ選び』草思社

永江朗、二〇〇七『暮らしの雑記帖――狭くて楽しい家の中』ポプラ社
――、アトリエ・ワン、二〇〇四『狭くて小さいたのしい家』原書房
ナガオカケンメイ、二〇〇八『60VISION――ロクマルビジョン 企業の原点を売り続けるブランディング』美術出版社
中川理、一九九六『偽装するニッポン――公共施設のディズニーランダゼイション』彰国社
仲川秀樹、二〇一〇『〝おしゃれ〟と〝カワイイ〟の社会学――酒田の街と都市の若者文化』学文社
中村圭子編、二〇一二『日本の「かわいい」図鑑――ファンシー・グッズの100年』河出書房新社
中村史郎、二〇一一『ニホンのクルマのカタチの話』毎日新聞社
西沢立衛、二〇一〇『美術館をめぐる対話』集英社
原研哉・HOUSE VISION実行委員会編著、二〇一三『HOUSE VISION 2013 TOKYO EXHIBITION』平凡社
原田隆司・寺岡伸悟、二〇〇三『ものと人の社会学』世界思想社
広瀬和生、二〇〇八『この落語家を聴け！ いま、観ておきたい噺家51人』アスペクト
――、二〇一〇a『この落語家をよろしく いま聴きたい噺家イラスト&ガイド2010』講談社
――、二〇一〇b『この落語家に訊け！ いま、噺家が語る新しい落語のかたち』アスペクト
――、二〇一一『落語評論はなぜ役に立たないのか』光文社
ダニエル・ブーアスティン、一九八〇『過剰化社会――豊かさへの不満』（後藤和彦訳）東京創元社
マイク・フェザーストン ナイジェル・スリフト ジョン・アーリ、二〇一〇『自動車と移動の社会学――オートモビリティーズ』（近森高明訳）、法政大学出版局
藤本壮介、二〇一〇『建築が生まれるとき』王国社
府中市美術館編、二〇一三『かわいい江戸絵画』求龍堂
真壁智治・チームカワイイ、二〇〇九『カワイイパラダイムデザイン研究』平凡社

水戸岡鋭治、二〇〇九『カラー版 電車のデザイン』中央公論社
宮台真司・石原英樹・大塚明子、一九九三『サブカルチャー神話解体――少女・音楽・マンガ・性の30年とコミュニケーションの現在』PARCO出版局
宮本直美、二〇一一「『二流の国民』と『かわいい』という規範」、千田有紀編『上野千鶴子に挑む』勁草書房
森川嘉一郎、二〇〇三『趣都の誕生――萌える都市アキハバラ』幻冬舎
山口裕美、二〇〇二『現代アート入門の入門』光文社
――、二〇一〇『観光アート』光文社
山根一眞、一九八六『変体少女文字の研究――文字の向こうに少女が見える』講談社
四方田犬彦、二〇〇六『「かわいい」論』筑摩書房
和田智、二〇一〇『未来のつくりかた――Audiで学んだこと』小学館
コンラート・ローレンツ、二〇〇五『動物行動学Ⅱ』(再装版)(日高敏隆ほか訳)新思索社
『朝日新聞GLOBE』(二〇一三年七月二一日-八月三日)、二〇一三 朝日新聞社
『今おもしろい落語家ベスト50』、二〇〇九 文藝春秋
『CasaBRUTUS特別編集 日本の美術館ベスト100ガイド』二〇一一 マガジンハウス
『芸術新潮』(二〇一一年九月号)、二〇一一 新潮社
『サンデー毎日』(二〇一三年九月一五日号)、二〇一三 毎日新聞社
『週刊文春』(二〇一一年一月二七日号)、二〇一一 文藝春秋
『瀬戸内国際芸術祭2013』、二〇一四 美術出版社
『装苑』(二〇一〇年八月号)、二〇一〇 文化出版局
『d design travel 鹿児島』、二〇一〇 ディアンドデパートメント株式会社
『TOKYO FIBER '09 SENSEWARE』、二〇〇九 朝日新聞出版
『neoteny japan ネオテニー・ジャパン――高橋コレクション』、二〇〇八 美術出版社

『美術手帖』（二〇〇九年八月号増刊　大地の芸術祭　越後妻有二〇〇九　公式ガイドブック）、二〇〇九　美術出版社
――（二〇一〇年八月号増刊　あいちトリエンナーレ２０１０　公式ガイドブック）、二〇一〇　美術出版社
――（二〇一〇年一二月号）、二〇一〇　美術出版社
――（二〇一三年三月号増刊　瀬戸内国際芸術祭　公式ガイドブック　アートをめぐる旅完全版　春）、二〇一三　美術出版社
――（二〇一三年七月号増刊　瀬戸内国際芸術祭　公式ガイドブック　アートをめぐる旅　夏・秋）、二〇一三　美術出版社
――（二〇一三年九月号増刊　あいちトリエンナーレ２０１３　Ｏｆｆｉｃｉａｌ　Ｇｕｉｄｅｂｏｏｋ）、二〇一三　美術出版社
『落語ファン倶楽部』一号、二〇〇五　白夜書房
――十号、二〇一〇　白夜書房

著者略歴

工藤保則（くどう やすのり）

1967年 生まれ
1999年 甲南大学大学院人文科学研究科博士後期課程単位取得退学
現 在 龍谷大学社会学部教授 博士（社会学）
主 著 『中高生の社会化とネットワーク』ミネルヴァ書房、2010年
『質的調査の方法』（共編）法律文化社、2010年
『無印都市の社会学』（共編）法律文化社、2013年

カワイイ社会・学
成熟の先をデザインする

2015年7月25日 初版第一刷発行

著 者 工藤保則

発行者 田中きく代
発行所 関西学院大学出版会
所在地 〒662-0891
兵庫県西宮市上ケ原一番町1-155
電 話 0798-53-7002

印 刷 協和印刷株式会社

Printed in Japan by Kwansei Gakuin University Press
ISBN 978-4-86283-201-6